★赵昂 著

现代视域下
高校体育教学创新理念
及教学实践研究

人民日报出版社

图书在版编目（CIP）数据

现代视域下高校体育教学创新理念及教学实践研究 / 赵昂著. -- 北京：人民体育出版社, 2023（2023.11重印）
ISBN 978-7-5009-6290-8

Ⅰ.①现… Ⅱ.①赵… Ⅲ.①体育教学—教学研究—高等学校 Ⅳ.①G807.4

中国国家版本馆CIP数据核字(2023)第044625号

*

人民体育出版社出版发行
北京建宏印刷有限公司印刷
新 华 书 店 经 销

*

710×1000　16开本　12印张　212千字
2023年3月第1版　2023年11月第2次印刷

*

ISBN 978-7-5009-6290-8
定价：66.00元

社址：北京市东城区体育馆路8号（天坛公园东门）
电话：67151482（发行部）　　邮编：100061
传真：67151483　　　　　　　邮购：67118491
网址：www.psphpress.com

（购买本社图书，如遇有缺损页可与邮购部联系）

前 言

健康的体魄是一个民族发展的根本,体育教育由此成为国民教育的基本构成部分。我国自古以来便极为重视体育教育,中华人民共和国成立以来,体育教育被纳入国民五大基本素质教育之一,重视程度不可谓不高。尽管如此,人们对体育教育的认识仍长期停留于强身健体的表面理解,缺乏从一般理论的高度对体育教育进行系统性和科学性认识。随着社会的不断发展以及国民教育水平的逐渐提高,人们对体育教育的认识日益深化,开始对体育教育过程本身的客观规律和系统方法进行完整研究,从人的全面发展和综合素质培育的角度审视体育教育的意义和价值,确立其教育内容和方法。不仅如此,有些研究者甚至开始思考体育教育与心理教育、素质教育、社会发展等问题之间的逻辑关系,大大拓宽了我国相关领域的研究视野。然而,当前体育教育仍旧存在有待深入挖掘和广泛探讨的问题与领域,特别是有关高校体育教育问题亟须得到更为深入的探索。

本书共分为六章,第一章论述了体育教学的内涵、价值、原则、方法、本质、功能,以及相关学科的理论研究等内容;第二章分析了高校体育教学"以人为本""健康第一""终身教育"等教学理念和创新理念中需要注意的事项;第三章分析和解剖我国高校体育教学现状与发展中存在的问题,科学地预估其未来发展趋势;第四章就高校体育教学内容的选编和改革创新进行深入研究;第五章挖掘和探索高校体育教学的新方法,如多媒体技术、慕课、微课和翻转课堂在教学中的运用;第六章从体育教学目标设计、策略设计、过程设计三方面入手,重构高校体育教学设计体系。

从整体结构来看，本书从理论到实践，全面铺开论述，内容系统且有层次。在写作的过程中更加突出了以下特点：一是内容上具有全面性，涵盖高校体育教学理念和实践的多方面知识；二是在实践上的适应性，能够将文字与图、表更好地结合，使读者在阅读的过程中产生立体感，在学习方面起到了指导性作用，适合于各个阶段的人群；三是写作上的规范性，做到内容清晰、理论规范、章节合理、逻辑严谨；四是提出了未来发展的可持续性，大胆创新，认真实践，科学地阐述了今后的发展道路，给读者以启示。

本书在撰写过程中参阅了部分学者的相关资料，在此表示最诚挚的谢意！由于作者的水平有限，书中难免有疏漏或不妥之处，恳请各位专家、同行及广大读者给予批评和指正。

作者

2022年7月

目　录

第一章　体育教学基本理论研究 …………………………………… （1）

　　第一节　体育教学论及其价值分析 ………………………………… （1）

　　第二节　体育教学与相关科学理论研究 …………………………… （10）

　　第三节　体育教学原则与方法分析 ………………………………… （15）

　　第四节　体育教育的本质与功能 …………………………………… （26）

第二章　高校体育教学理念创新研究 ………………………………… （33）

　　第一节　"以人为本"的教学理念分析 …………………………… （33）

　　第二节　"健康第一"的教学理念分析 …………………………… （38）

　　第三节　"终身体育"的教学理念分析 …………………………… （43）

　　第四节　创新教育与个性化教育 …………………………………… （49）

　　第五节　高校体育教学理念创新的注意事项 ……………………… （55）

第三章　高校体育教学现状分析与发展趋势 ………………………… （62）

　　第一节　高校体育教学现状分析 …………………………………… （62）

　　第二节　高校体育教学发展存在的问题剖析 ……………………… （73）

　　第三节　高校体育教学的发展趋势 ………………………………… （82）

第四章　高校体育教学内容的发展与创新 （91）

第一节　体育教学内容概述 （91）
第二节　体育教学内容的目标和要求 （98）
第三节　体育教学内容的编排与选用 （102）
第四节　体育教学内容的改革与发展 （111）

第五章　高校体育教学方法的发展与创新 （122）

第一节　多媒体技术在高校体育教学中的运用 （122）
第二节　慕课在高校体育教学中的运用 （131）
第三节　微课在高校体育教学中的运用 （136）
第四节　翻转课堂在高校体育教学中的运用 （143）

第六章　高校体育教学设计体系构建与创新 （153）

第一节　体育教学设计概述 （153）
第二节　体育教学目标的设计分析 （162）
第三节　体育教学策略的设计分析 （170）
第四节　体育教学过程的设计分析 （175）

参考文献 （182）

第一章 体育教学基本理论研究

> 体育是人类在漫长的生活实践中,为满足自身生存和发展的需要而自主选择和创造的一种行为方式。体育教学以学校体育教学这一特定教育活动为研究对象,其目的在于揭示学校体育教学的规律,探讨和阐明体育教学的本质、价值、原则、功能、方法和特点,以指导体育教学实践,提高体育教学质量。

第一节 体育教学论及其价值分析

在人类进行有目的的身体训练中,体育教学理论就已经诞生,然而作为一门学科,体育教学论刚诞生不久,但是它从成为一门独立学科那天起,就担负起普通高等学校体育教育专业师资培训的重任,成为搭建在现在的学习与未来的体育教学实践之间的桥梁。

一、体育教学论

(一)体育教学的概念

有关体育教学的概念,各种教材的说法不一,如潘绍伟、于可红的《学校体育学》认为:"体育教学是学校体育的重要组成部分,是实现学校体育目标的基本组成形式,体育教学是教师的教与学生的学的统一活动。"李祥的《学校体育学》认为:"体育教学是教与学的统一活动,是学生在教师有目的、有计划的指导下,积极主动地学习与掌握体育、卫生保健基础知识和基本技术、技能,锻炼身体,增强体质,促进健康,发展运动能力,培养思想品德的一种有组织的教育过程,是实现学校体育目标的基本途径之一。"姚蕾的《体育教学论学程》指出:"体育教学是一种以体育教材为中介,学生在体育教师的指导下掌握体育知识、技术和技能,养成良好的体育锻炼习惯,促进学生身体、心理和社会适应能力健康发展的教育活动。"龚正伟的《体育教学论》指出:

"体育教学论研究的对象是体育教学。体育教学与其他各科教学一样具有共同性,都是一种有目的、有计划、有组织地对学生传授知识和技能,发展智力和体力,培养品德和形成个性的教育过程。"

笔者认为,不能把目的、任务放在概念之中,因为"概念"是人们对客观事物认识的总结,只有概念明确,才能进行正确的思维和判断,进行合乎逻辑的推理,从而获得正确的认识。概念应具有简洁性、科学性。如果把事物的目的、功能、价值等问题放在概念之中,就会使概念的内容变得冗长,以上教材中就有这样的表述,笔者认为这是不合理的。

要使概念明确,就必须给概念下定义,定义是提示概念内涵的逻辑方法。最常见的一种下定义的方法是"属+种差"。列宁说:"下定义是什么意思呢?这首先就是把某一个概念放在另一个更广泛的概念里。"这就要求我们找出在种概念中区别"这种概念"与"其他种概念"的性质来,这叫作种差。即被定义概念=种差+邻近的属概念,概念中的种差就是我们所指的事物本质,即上述体育教学的性质,而属概念则是教学。因此,我们不难推断出体育教学的概念(本质+属概念):"体育教学是以体育实践性知识——运动技术为主要学习内容的教学。"这里还需要补充一点,把体育实践性知识——运动技术作为主要学习手段是否就不要体育理论性知识了?答案应该是否定的。我们在学习体育实践性知识的同时,还要学习体育理论性知识,只是学习体育理论性知识不是单纯地通过看书、看报或上室内理论课来获得,而是把身体练习与理论性知识的学习结合起来,或者说把体育理论知识的学习穿插在体育课堂教学的身体练习之中。换言之,就是在运动技术教学的同时传授理论知识。如果单纯地通过看书、看报或上室内理论课等与其他学科无异的形式来学习体育理论知识,那么可以说,通过这种方式得到的体育理论性知识是不可靠的。当然,在我们的体育教学中也有体育室内理论课教学活动,但它与一般意义上的理论知识学习不同。一是它的课时非常短,每个学期只有2课时左右;二是它是运动技术学习的补充课次,学生有了一定的实践经验后,再学习一些有关的理论知识,可以对已学的体育实践性知识有更好的理解。

体育教学的上位概念是教学,它指的是"以课程内容为中介的师生双方教与学的共同活动",其特点是通过各学科系统知识、技能的传授与掌握,促进学生身心发展。教学的上位概念是课程,课程的概念比教学大,教学是指各学科领域内(如语文、数学、物理、英语、体育等)的师生双边活动,即范围较小,更为具体。

因此,体育教学具有明显的学科教学特征,是教与学的双边活动,是体育课程的下位概念，与它同一层次的概念有物理教学、数学教学、语文教学等。体育教学是各学科教学的一部分，其首先应该属于教学，教学活动是体育教学的属概念，按其本位顺序排列，体育教学的本位有：教学→学校教育→教育→社会活动。

（二）体育教学的内涵

体育教学活动不是一成不变的，而是一个动态过程，这一过程包括知识和技能的传授过程。在体育教学的不同阶段，体育教学的概念、角色等也因为多方面的作用和影响而不断发生变化。经过多年发展，现阶段体育教学的内涵包括以下三方面。

1. 体育教学是一门学科

在体育教学体系中有着诸多构成要素，其中主要有教学目标、教学内容、教学方法、教学模式、教学评价等内容。体育教学的目标主要是锻炼学生体能、提高身体素质、增进学生身心健康，它是一门相对特殊的课程，配合德、智、美、劳的发展，促进学生身心全面发展。体育教学中主要的教学组织形式是课程教学，体育课程教学是为了实现教学目标，根据德、智、体、美、劳全面发展的原则，以发展学生体能、促进学生身心健康为主的特殊课程教学。通过上述界定，明确了学习体育运动的知识与技能，但对学生的活动与体育运动体验，情感的反映与社会适应的关注还比较有限。

2. 体育教学是教育的组成部分

体育教学是在体育教师的指导下，从运动科学、生物学、教育学、运动心理学、运动保健学、社会学等学科中汲取知识的精华，在体育与健康方面有规划、有组织、有目标地以身体练习为主要形式的活动，它与德、智、美、劳方面的培养相配合，共同促进学生身心全面发展。除了在运动能力上没有比较详尽的要求外，体育运动与体育活动训练方面的教育都能让学生身心的发展得到锻炼和培养，这也是素质教育的主要内容及方法。

3. 体育教学是活动

体育教学主要是有组织、有计划、有目标的相关体育教学活动。相关学者在研究中也提出了类似看法："现代体育教学是为了使学生能在身体、运动认识、运动技能、情感及社会方面和谐发展的有计划、有组织的活动。"因此，在教学实践中，学生仅仅掌握课本上的理论是远远不够的，体育教学是在亲身参与学习运动技能的基础上，进行动作技能的体育活动，要达到一定的标准，是体育感受体验的积累，通过这种身体的感受才能学习并掌握技术动作。

（三）体育教学论的研究对象与研究内容

一门学科是否有自己独特的研究对象，是判断这门学科能否独立存在的重要标志，体育教学论作为一门独立的学科，当然有自己的研究对象。

目前有一种观点，认为体育教学论的研究对象是"体育教学的客观规律"。这种观点源自对"教育学的研究对象是教育现象和教育规律"主张的模仿，是不可取的。首先，它是一种僵化的、简单化的思维方式的结果。其次，它把研究对象与研究目的弄混了。揭示和把握教学规律是教学论的研究任务或研究目的，研究对象不可能也不应该再是教学规律，如果还是，那么目的与对象就不同了，这显然是错误的。

体育教学论的研究对象就是体育教学中的诸问题。即体育教学活动中的教与学的关系、相互作用及其统一的问题。我国学者田慧生和李如密认为，教与学的关系、教与学的条件和教与学的操作三个方面密切联系，共同构成了教学论完整的研究对象，由这三项研究结果构成的，就是一个相对完整的教学论体系。他们的见解对于我们确定体育教学论的研究对象，构建体育教学论体系具有积极意义。因此，对于体育教学活动中的问题应该从以下几个方面来把握。

1. 体育教学活动中教与学的关系问题

在体育教学活动中，教师、学生、教材以及教学环境等因素相互作用和相互联系，构成了一系列错综复杂的教学关系，其中，教与学的关系是体育教学活动中最根本的关系。体育教学论首先从抓住这一最根本的关系入手，研究体育教学问题，揭示体育教学的规律。

2. 体育教学活动中教与学的条件问题

体育教学活动的顺利进行需要有一定的教学条件支持，并对体育教学质量的提高产生直接的、具体的和有力的影响。这些条件主要包括教师的素质、学生的素质、教学环境、教材等。

3. 体育教学活动中教与学的操作问题

体育教学论既是一门理论学科，又是一门应用学科。由此而言，体育教学论不仅要研究体育教学的一般规律，同时还要研究这些规律在体育教学实践中的应用问题。研究体育教学活动中教与学的操作问题，就是根据体育教学的一般原理和规律，设计出体育教学的组织形式、教学方法和教学模式等。

体育教学论的研究内容主要包括两大块：体育教学原理，重点探讨体育教学的特点、体育教学过程、体育教学系统和体育教学规律与原则等；体育教学要素，分别阐述体育教学目标、体育课程、体育教学方法、体育教学模式、体育教学评价、体育教学环境等要素的基本理论。

（四）体育教学的特点

结合体育教学的性质，把体育教学的特点总结为以下几个方面。

1. 传播运动知识的操作性

与其他学科不同的是，体育运动知识是"身体知识"，这种知识是人类知识发展过程中的一种特殊的知识，是人们从自然外部知识的追求转向人体内部知识的结果，是面向人类自我、人类人体、人类自身的一种挑战。在教育界十分重视发挥"学生主体性"的今天，这种追求人类自我知识的回归不仅代表了体育教学的特殊性，还赋予了体育教学知识传播特殊的意义。从这一层面分析，体育教学传播的"身体知识"并不是传统意义上的"下里巴人"，"身体知识"也是一种科学知识，一种真正回归人类自身感觉的知识，这种知识的重要性只是没有被发现和挖掘而已。可以预见，今后这类知识必将得到人类的认可，并将广泛地用于人类身心的健康研究中。

2. 师生身体活动的频繁性

在体育教学过程中，由于"身体知识"的来源是身体的不断活动与实践，因此，教师需要不断地进行运动动作的示范、反馈与指导，而学生更需要身体活动与体验，没有身体的反复活动与操练，是无法习得运动技能的。所以，在体育课堂教学过程中，教师与学生的身体操练非常频繁，这在其他学科教学中是少有的。其他课程的学习大都在室内进行，且要保持相对安静，这样才能激发学生的思维并产生很好的学习效果。体育教学不同，教学过程中既有学生强烈的身体活动，也有学生欢快的体验情绪，这些都是外显的行为表现，没有过多的文化渲染，只有纯真和自然。

3. 学生身心合一的统一性

体育对人类自身自然的改造，不仅是形态结构与生理机能的统一，而且是身与心的统一。体育教学要在追求体育文化传承的同时，促进学生身体改造，并强化学生的心理与社会适应能力的发展。体育教学营造了不同于智育教学的情境，这些生动的、直观的、外显的、情绪化的教学情境为学生的心理与社会适应能力的健康发展提供了良好的环境。因此，体育教学中的身心发展是一元的，这也符合辩证唯物论观点。身体发展是基础，心理发展依赖于身体的发展而存在，同时促进身体发展。

体育教学中身心合一的统一性主要体现在以下三方面。

①体育教学选择的教材内容不仅要注重教材对学生身体各部位、各种运动能力和各种身体素质的积极影响，而且要注重教材对学生心理及其社会适应能力的影响，要符合心理学、美学和社会学等方面的要求。

②体育教师的教学组织与教法必须符合学生的身心变化规律，使学生在反复的动作和休息交替的过程中达到健身的目的。当进行练习时，生理机能开始变化，其水平开始上升；达到一定水平后，保持一定时间，然后开始下降。在一定范围内，由于练习与休息合理地交替，所以学生的生理机能变化呈现一种波浪式的曲线。

③体育教学还要符合学生的心理特点、年龄特点，因为学生的心理活动（主要指思维、情绪、注意、意志）也会呈现高低起伏的曲线图像。这种生理、心理负荷波浪式的曲线变化规律，体现了体育教学鲜明的节奏性和身心的和谐统一性。因此，体育教师应根据学生心理特征安排各种教法与组织，这样才能在促进学生身体发展的同时，有效激发学生的积极性和兴趣爱好，更有效地发挥体育教学的功能。

4. 教学过程的直观形象性

体育教学各个过程体现了鲜明的直观形象性。如体育教师的讲解除了要达到其他学科教师讲解的基本要求之外，还要求语言更加生动形象、贴切有趣，把所要传授的东西进行艺术性的描述，用生动的语言把复杂的技术动作形象化、简单化,加深学生对教学内容的感知。同时,体育教师的演示形式特殊,需要运用非常直观形象的动作示范、优秀学生的示范、学生的正误对比示范、教学模具或人体模型或动作图示等,使学生从感官上直接感知动作,建立正确的、清晰的运动表象。学生通过观看各种直观的动作演示,获得生动的表象,并与思维相结合,从而达到掌握体育知识、技术和技能的目的,同时,还发展了自身的观察能力和形象思维能力。

体育教学组织与管理过程也具有直观形象性,学生的一举一动都是外显的、直接的、可观察的,因此,体育教师的言行具有榜样作用,对学生的身心都是一种无形的教育。学生的课堂表现则是真实的、直接的、显现的,特别是在学生学习与运动过程中,所表现出来的言行都是最为真实的一面,这一信息正是体育教师需要观察、帮助与反馈的最好信号。

5. 教学内容的审美情感性

体育教学的美,首先体现在师生运动过程中的人体美、运动美。师生通过运动塑身,形成身体各部位线条的美、身体比例对称的美,同时实现运动过程中人体运动的美,这些都是外显的内容。其次,还体现了人体运动过程中的精神美,如在运动中克服生理和心理障碍,顺利完成教学目标,运动过程中体现谦虚、谦让、礼貌等风范。

除了体育运动的人体美与精神美,体育教学活动还体现了教学内容的审美性。每一个运动项目都表述着不同的审美特征与美学符号,如球类项目除了表现个人的运动优势外,还需要兼顾群体合作、协调互助等人际素养;田径项目更多表现的是个人的运动天赋,同时也需要永不言败的豪气;乒乓球项目展示的是东方人的灵巧与技艺等。这些都是人类积累下来的体育知识与技能,体育教师通过科学的概括和艺术的提炼,卓有成效地将其传授给学生,使学生去感知、去体验,从中获得美的享受、美的启迪,净化心灵,陶冶情操,促使身心健康和谐发展。最后,教学是一种创造性的社会活动,师生共创的课堂教学情境给人以意境的顿悟和精神上的启迪,令人回味无穷。同时,体育教学中教师和学生之间有一条无形的通道联系着,构成了教与学的系统。教师传授知识的过程中,伴随着师生间丰富而真诚的情感交流。

6. 客观外界条件的制约性

体育教学区别于其他学科教学的另一特点是,体育教学效果更容易受到外界因素的影响与客观实际情况的制约，如学生的运动基础、年龄、性别、生理和心理特点、客观气候条件、场地、器材设备等，这些因素都在各个层面影响着体育教学的质量。从体育教学对象来看，体育教学要实施教育的全面性，不仅在运动基础方面要注意区别对待，还必须体现针对学生的年龄、性别、生理和心理特点等实际情况区别对待。如男女学生在身体形态、机能水平、运动素质、运动功能等方面具有明显的差异，在教学设计、教材选择、教学组织等方面就要考虑性别差异。如果忽视了这些特点，盲目地进行教学，不仅达不到增强体质的教学效果，反而可能增加学生安全方面的风险。从体育教学环境角度来看，体育课堂教学基本在室外进行，而室外的影响因素较多，如马路上的汽车声等。同时，学生有了更为广阔的视野，容易导致注意力分散。还有一些不可控的因素，如天气等，都会对体育教学造成干扰。同时，体育教学对客观气候条件和场地、器材设备条件的要求也较高。因此，从学年的体育教学计划到具体课时计划，从教材内容选择到教学组织方法实施，体育教师都必须考虑到这些客观实际与影响因素，尽量减少各种因素的干扰，提高体育教学质量与效果，同时还要利用严寒、酷暑等条件培养学生适应环境的能力。

二、体育教学论的价值

现代体育教学既具有丰富的内涵，也具有多元的价值功能。体育教学价值是体育教学属性对主体需要的满足，这是一个基础、实在的问题，其与教学目标的导向、教学内容的选择、教学方法的运用等具有密切的关系，而且体育教学实践者的理解与操作也会受到体育教学价值的理论认识及研究程度的直接影响。因此在现代体育教学中，为了促进学生综合素质全面提高，必须尽可能彰显体育教学的个人价值、文化价值，追求其教育价值、生命价值、生活价值、审美价值等，最大限度实现这些价值。

教学活动最根本的价值体现在对学生素质结构的构建与完善上。体育教育教学是发展学生身体，增强学生体质，提高学生技能，培养学生道德和意志品质的教学。在素质构建中，其与其他学科教学活动具有一般共性，此外还具有其他学科无法替代的功能，如增强学生体质，提高学生健康水平，为学生科学锻炼身体提供理论和方法指导。虽然体育与其他学科都具有培养学生情感、意志品质及人格等功能，但由于体育教学活动环境更开放，教学组织更灵活，且运动负荷可调节，所以体育教学这些功能的发挥比其他学科有更大的优势。因此，构建学生的全面素质也是体育教学价值的重要体现。

体育教学的价值是通过体育教学对人的生存、生活和发展以及社会的进步产生积极的意义。体育教学满足了学生和社会对体育的需要。社会发展必须通过教育培养大量的德智体美劳全面发展的人才，而学生个体的发展也同样需要通过教育来促进。随着社会发展对人在身心健康方面有了新的要求，人的个体需求相应地发生了一些变化。体育教学是培养学生全面、协调发展，使之不断完善的重要手段。教学过程的实施与发展，让人的身心素质得到改善、健康水平得到提高、人格得到完善，并对智力的开发和创造性的培养产生积极影响，进而提高社会人口的素质和健康水准，满足社会对体育教学的要求。体育教学作为学校教育重要组成部分有着不可替代的作用。体育教学的根本价值就在于促进学生身心素质的完善和健康水平的提高。体育教学活动既是一种身体活动，也是一种心理活动。在体育教学中，学生通过活动，可以使身体得到锻炼，从而使身体机能得到改善，提高对环境的适应能力；通过活动振奋精神，忘却烦恼，改善情绪状态；可以培养顽强的意志品质，建立良好的自我意识；通过活动过程中的互动提高人际交往能力，使学生的身心得到发展，社会适应能力得到提高。体育能培养竞争意识、合作意识，能培养良好的承受能力；体育教学能培养学生严密的组织纪律性、集体责任感及荣誉感，培养对规范的服从性。这些都是人不可缺少的身心素质。学生时代是建立终身体育观念的关键时期，体育教学在这个时期的重要作用是帮助学生建立终身体育观念和初步具备终身体育能力。建立终身体育观念就是从理性上认识到终身体育的必要性，树立正确的终身体育价值观念。初步具备终身体育能力就是要培养学生对体育的兴趣，养成良好的体育习惯，掌握一些基本的运动技能，拥有科学锻炼的方法。这两个方面都是体育教学目标的重要因素。思想品德价值是体育教学的重要价值之一，在体育教学过程中首先旨在培养学生形成良好的品质，学会如何做人。在体育教学中，学生的思想感情和行为方式很容易自然地表现出来。这有利于教育者了解学生的思想和特点，从而对他们进行有针对性的教育。体育教学中，思想品德教育的内容是极其丰富的，概括地说，主要包括：培养热爱集体的情感和意识，培养团结友爱、关心他人、互助合作的思想和意识，培养竞争意识、胜不骄败不馁的精神，培养坚韧不拔、勇敢顽强、机智果断等优良意志品质，以及开朗活泼的良好性格。教学过程中利用教学内容中的各种素材调动学生的主观能动性，使思想品德得到培养，情意系统得到熏陶，个性品质得到发展，同时还要注意引导学生接受欣赏美和创造美的训练，使学生的思想品德价值得以体现。

第二节　体育教学与相关科学理论研究

体育教学活动的顺利开展需要遵循一定的原理，如刺激适应原理、学习认知原理、循序渐进原理、超量恢复原理、效益平衡原理、奖惩激励原理、体能技能注重内涵原理等。学习和掌握这些原理是体育教学对学生的基本要求。

一、刺激适应原理

刺激适应是体育教学课程中一个非常重要的规律，这一规律是基于运动生理学的角度对体育教学的研究提出来的。

所谓刺激，就是指通过一定强度的运动形式使运动参与者能够接受某一种训练，并且能够保证一定的训练效果。有效的运动刺激能提高学生在整个运动训练过程中机体机能的适应能力，该过程一般包括机体能源储备能力、机体调节能力和机体防御能力等。体育教学的过程，就是在学生体能和技能水平基础上，提高其专项体能和运动技能的过程，刺激就是这一过程的起点。

可以说，科学有效的刺激能在很大程度上提高运动训练的效果，这就要求体育教师合理把握不同学生的个体情况，安排好运动负荷，针对学生的具体实际制订合理、有效的训练解决方案。

所谓适应，就是在一定强度的刺激下，逐渐使学生能够提升某一运动技能，这种适应具有一定的阶段性和层次性特点。首先，在最初的技能学习阶段，即刺激阶段，学生的机体需要接受来自各方面的各种刺激；其次，在科学合理的运动负荷刺激下，运动者机体内部各器官和运动系统的功能产生一定的兴奋，并将兴奋传输到机体各器官中，最后使整个机体都进入运动状态；再次，随着教学活动的持续进行，学生机体器官和系统持续接受刺激，并持续对这种刺激做出反应，使学生的身体机能进入良好的工作状态，随着运动训练的持续进行，当学生机体不能承受更大的外部刺激时，就表明机体已经适应了当前的运动刺激；最后，如果学生能坚持体育运动锻炼，就能在全面增加运动刺激的基础上，产生明显的身体结构和机能方面的改变，促进身心完善与协调。

刺激适应原理在体育教学中的应用非常广泛，以篮球教学中的扣篮为例，扣篮技术对人的要求较高。对于不同层次的学生来说，要实现扣篮这一技术技能，不仅存在阶段性特征，而且表现出明显的层次性特征，不同学生的扣篮技术存在明显的差异性，主要是运动训练中对技能训练适应的程度和阶段不同，因此对运动技能的表现也不同。特别需要注意的是，学生良好的机体适应是建立在科学训练基础之上的，如果篮球运动训练不合理，学生身体的某些机能就会出现衰竭症状，是非常不利于教学与训练活动进行的。因此，为了达到既定的训练效果，必须对学生机体施加有效的刺激，合理安排运动训练负荷。

刺激适应原理要求体育教师在体育教学过程中，严格遵循学生机体适应刺激的变化规律，合理把握和安排运动负荷，以提高体育教学的质量和效果，从而促进学生身心全面发展。

二、学习认知原理

认知理论是研究由经验引起的变化是如何发生的一种学习理论，是现代体育教学中一个非常重要的理论基础。

人的认知活动具有一定的规律，主要表现为人对事物的认识和对知识或技能的学习必须经历一个由浅入深、由表及里、由简到繁的过程。

在体育教学实践中，体育教师不仅要指导学生进行身体运动，而且要讲解并向学生传授大量的与体育运动相关的操作性知识，因此，整个体育教学过程就是促进学生认知水平提高的过程。大量的研究与实践表明，运动水平内在的变化与认知方式的变化有一定的正相关性，通过专项认知训练可以促进运动水平提高。

学生对体育内容的感知、理解、体会、运用等都有自己特有的规律，体育教师要充分了解学生，遵循这些规律。在体育教学中，教师要使学生的体育知识与运动技术表象建立巩固的联系，从而促进学生体育运动技能提高。

三、循序渐进原理

所谓循序渐进，具体是指体育教学必须结合学生的学习认知、刺激适应的客观规律，逐渐增加运动量和运动强度，最终实现学生体育理论知识、身体素质和运动技能的发展和提高。

循序渐进的内涵就是在具有一定强度刺激的基础上，使机体实现某一层次的适应，然后通过这一适应，再进行运动刺激使机体进入下一阶段的适应，如此循序渐进，从而实现运动技能的发展和提高。在体育教学中，学生体育理论知识的学习和运动技能的训练都是一个循序渐进的过程，不可能一时一日而成，需要长期的学习和训练才能发展和提高。

在运动训练实践中，学生运动水平的提高并不意味着身体素质一定得到了增强，反而会在一定程度上打破机体原有的生理平衡，因此学生在参加运动训练时，必须坚持循序渐进的原则，让机体在健康的情况下逐步形成新的生理平衡，如此才能有效地增强身体素质，提高运动技能。因此，在体育教学与运动训练中，循序渐进的原理非常重要，要时刻遵守。

四、超量恢复原理

超量恢复原理，是关于运动时和运动后休息期间能量物质消耗和恢复过程的学说。

在体育教学中，学生参加运动训练后，机体各种机能的恢复和超量恢复不是同时发生的。对于人的机体来说，不同器官有着不同的恢复速度。首先是大脑和神经中枢的恢复，其次是心血管系统的恢复，最后是肌肉和心理的恢复；机体不同能源物质的恢复速度不同；不同训练水平的运动员恢复的速度也不同。一般情况下，训练水平越高，恢复速度越快；训练水平越低，恢复速度越慢。

在体育教学活动中，学生参加运动后机体各种机能的恢复和超量恢复程度是不同的。通常来说，超量恢复主要受人的疲劳程度、运动量的大小和营养供给等因素影响。而运动量的大小则是超量恢复强弱的重要影响因素。通常来说，运动机体的运动量越大，人体内各器官和肌肉的功能动员就越充分，能量物质消耗就越多，超量恢复也就越显著。但是如果运动量超过了人体正常的承受范围，就会延长机体恢复的时间，不利于身体健康。如果运动量过小，机体就得不到应有的疲劳，超量恢复的效果就不显著，不利于获得理想的训练效果。

在超量恢复原理指导下，体育教师在进行体育教学活动过程中应注意以下几点要求。

①通常情况下，运动时间短，运动强度不大，运动机体不能产生较大的反应，超量恢复不显著；而运动量越大，人体内各器官和肌肉的功能动员就越充分，能量物质消耗就越多，超量恢复也越明显。

②在反复进行运动训练时，教师要指导学生掌握好间歇时间。间歇时间要适当，不能太长或太短，太长或太短都会对学生的身心健康与运动技能的提高产生不利影响。

③在体育教学活动中，运动负荷应根据不同学生的特点和运动水平来确定，如果运动后的心率达到140～170次/分钟，可以等到心率恢复到100～120次/分钟时，再进行下一次运动较为合适。

五、效益平衡原理

在体育教学中，效益平衡原理具有非常重要的作用。体育教学效益平衡原理就是在某一时间段内完成某一体育教学任务，并且能够保障体育教学质量。

在体育教学过程中，效益平衡的实现主要由教学任务决定，而教学任务则具有一定的不可调整性，因此，教学活动参与者必须要一定时间内完成这一教学任务。

在体育教学中，体育教学课程目标的实现是一个循序渐进的过程，每一个小的教学任务和目标实现后，还会有大的任务和目标。因此，需要在追求效益的背景下，最大程度地提高质量、节省时间，从而实现教学任务的效益。

在体育教学中，以足球比赛教学为例，比赛教学法对参与整体的技术技能掌握具有较高的要求，前一个足球技术教学任务不能完成，之后的比赛教学就无法开展。在足球教学中，效益平衡不仅适用于某一个技术动作的学习和掌握，而且在整个足球课程的落实过程中也能够得到广泛应用，因此说效益平衡原理在体育教学中发挥着极为重要的作用。

六、奖惩激励原理

奖惩激励原理，就是要合理奖惩，侧重激励。在体育教学中，这一原理得到了广泛的应用。

高校体育课程具有集体参与、公开的特点，需要有一定的奖惩激励措施来实现教学效果，进而实现教学目标。大量的实践表明，适度的奖惩和激励能够有效地促进学生心理健康的发展，在具体的操作过程中，要做到合理奖惩和侧重激励。

合理奖惩，是针对体育教学中学生的表现而采用的鼓励和抑制的教学原理，所谓合理，是指奖惩要公开、及时、适度。奖励可以采取物质奖励或精神奖励的方式，能有效地激发学生学习的积极性。在体育教学中，精神奖励方式要受到重视。精神奖励是用精神的力量来激发学生学习的积极性，一个人的精神状况如何，对其行为影响很大，而且精神可以在一定程度上弥补物质动力的不足。在具体的教学过程中，教师要根据学生的实际情况，有所侧重地选择奖励的方式，综合运用各种奖励方式和惩罚手段，其目的都是不能打击学生学习的积极性，而是帮助学生建立学习的自信，进而实现良好的教学效果。

侧重激励，就是通过体育教学实现学生身心协调发展，进而实现学生的全面发展，激励的实质是力戒错误的延续，实现体育课堂教学最优化发展。一般来说，体育教学激励的主体有两个，即学生和教师。对于学生来说，通过对体育教学过程中学生的良好表现给予表扬和赞赏，以激发学生学习的积极性。在激励学生的过程中，教师要掌握好激励的度，要以能调动学生的积极性为标准。一般来说，对于学生的刺激要随着管理环境和管理对象的变化而变化，不断地调动学生学习的积极性。对于教师来说，学生的良好表现就是教师的刺激物，能刺激教师更好地组织与管理教学活动。

在体育教学中，分组教学法是合理奖惩、侧重激励原理的重要体现。科学分组能有效地保障各组别的竞争，而小组学习对比和竞争就是对奖励的追逐和认可，同时，也是对惩罚的默认，通过分组学习提高学生自我学习的能力。

需要注意的是，在体育教学中，很多运动项目都是集体性项目，需要学生之间的密切配合，学生要正确认识和处理好个体动力与集体动力之间的关系。一般情况下，个体动力与集体动力是相互对立的，个体动力得到最大发展，往往集体动力就要受到损失；集体动力得到最大发展，个体动力就要受到抑制；最好的办法是使个体与集体共同得到发展，这就需要体育教师与学生密切配合。

七、体能技能注重内涵原理

体能技能注重内涵原理，具体是指在体育教学中，在重视学生体能和运动技能发展的基础上，不断完善学生基本内涵的基本原理。这一原理在当前的体育教学中得到了广泛的应用。

在体育教学中，学生体能与技能的学习受多种因素的影响，单纯的体能和技能的提高并不能促进学生的长期发展。首先，对于学生而言，应以发展体能为主，以技能促进为辅，即当体能与技能发生矛盾时，优先发展体能，因为体能是技能发展的基础，同时这与体育教育的本质目的（促进身体素质发展）是分不开的。

其次，就体能、技能与其他个体运动能力和要素的关系来讲，要在发展学生体能与技能的基础上，培养学生的其他品质与精神，即注重内涵。在体育教学中强调学生良好意志品质、文化素养的提高，能使学生摆脱金钱的束缚，实现公平竞争、弘扬体育道德、培养人性、挖掘人的潜能的目的，此外，责任感、态度、信念等精神品质的培养也对学生体能水平的发展意义重大。因此，体能、技能与思想道德等品质的培养同样重要，需要体育教师引起重视。

第三节 体育教学原则与方法分析

一、体育教学原则

无论是一般的课程教学还是体育教学，其教学原则都由几个乃至几十个构成。

体育教学涉及的因素和内容较多，要归纳起来是非常困难的。一般来说，体育教学原则分为教育性原则、科学性原则、锻炼性原则三大类。

体育教学原则是对体育教学实践经验及规律的概括和总结，是实施体育教学最基本的要求，是保持体育教学最基本的因素，是判断体育教学质量的基本标准。本书主要论述与体育教学密切相关的几个常用原则。

（一）合理安排身体活动量原则

体育教学的特点是身体活动或称为身体运动，因此，体育教学要使学生身体所承受的运动负荷有效、合理，以达到锻炼身体、掌握体育技能的目的，这就是体育教学中合理安排身体活动量的原则。

合理安排身体活动量原则是依据体育教学的本质特点和运动负荷规律提出来的。一般来讲，运动负荷就是学生做练习时身体所承受的生理负荷量，它由运动强度和运动量构成。运动强度就是单位时间内身体所承受的运动量的大小，运动量就是运动的内容、数量、时间等。在体育教学中，合理地安排身体活动量，使学生都能达到适宜的生理负荷量，才能达到较好的锻炼效果。

（二）注重体验运动乐趣原则

该原则就是在体育教学中让学生在掌握运动技能和锻炼身体的同时，体验运动带来的乐趣，使学生喜爱运动并养成运动的习惯。

注重体验乐趣原则是依据运动中的游戏特性和体育教学中运动情感变化规律提出的。让学生通过体育教学和运动体验到乐趣，并对此产生兴趣，是提高体育教学质量的必然要求。让学生在体育教学和运动中体验乐趣，是终身体育的要求，也是体育教学的目的。

（三）促进运动技能不断提高原则

体育教学的目的是促进学生技能提高，因此在教学的过程中要注重促进学生技能不断提高的教学原则，保证教学目的的实现，提高教学质量。

促进运动技能不断提高原则是由体育教学的目标、社会的需求和肌体发展的需求三个因素决定的，同时也是实现体育教学终身化的基本前提和条件。掌握体育教学的运动技能，是通过体育教学发展学生的运动素质、提升学生运动技能的有效途径，也是让学生体验运动乐趣、提升体育教学质量的前提，更是判断体育教学目标是否完成、检测教师教学能力高低的标准。

（四）提高运动认知和传承运动文化原则

"提高运动认知原则"能够促进学生形成与体育相关的知识和技能，"传承运动文化原则"能够增强学生的责任感，从而激发学生对体育教学的兴趣，促进学生掌握体育技能。

提高运动认知、传承运动文化，就是在进行体育教学时培养学生的体育知识和技能，增加学生对体育运动的认识，加深学生对体育运动文化的理解，便于学生接收和传承体育文化。

体育运动是由各种运动体验形成的一种特殊的运动方式，而且从目前运动在人们生活中的价值和社会发展的趋势可以看出，人们对运动的认知能力的提高，不仅有利于身心健康，而且有利于运动文化的传承和发展。

每一门学科都有其重要的作用，体育教学的作用之一就是提高学生的运动认知能力，促进学生身心健康全面发展。因此在开展体育教学的过程中，要坚持提高运动认知和传承运动文化原则。

（五）在集体活动中进行集体教育原则

体育教学侧重集体性，有些活动强调以小组为单位，这有利于在活动进行过程中增强学生的团结意识，提升学生的集体荣誉感。这也是体育教学的目的之一。

在集体活动中进行集体教育原则是指，在学生参与集体学习活动时，要注重对其集体荣誉感和团结等集体活动特性的培养，增强集体的凝聚力，使学生形成正确的集体意识，养成良好的集体行为习惯。在集体活动中进行集体教育原则依赖于组成集体的特点、集体活动的规律、集体运动的发展等。

体育教学活动主要特点是协同、竞争、表现，这些特点主要在集体活动形式中得到体现。再加上体育教学侧重于室外教学，受到场地、教学活动范围和教学方式的影响，其开展一般以小组为单位，这使体育教学具有集体性。因此，在教学过程中要遵守在集体活动中进行集体教育的原则。

（六）安全运动和安全教育原则

安全运动和安全教育原则是体育教学的根本要求，因为开展体育教学的目的就是提高学生的身心健康水平，如果脱离了安全这一宗旨，任何一种教学活动都不能称为科学有效的教学方式。

安全运动和安全教育原则是指在教学过程中保证安全教育的同时，对学生进行安全意识的培养和教育。

安全运动和安全教育原则是依据体育运动中的特点和加强学生体育教学的目的两方面确定的。众所周知，体育运动是由身体活动、野外活动、集体活动、器械运动等一系列身体上的运动组成的，因此体育运动是具有一定危险系数的活动。初学者或体质较弱的学生在学习某类活动的时候面临的风险较高，但是这种风险是相对的，是可以避免的。因此在开展体育教学前，要进行严格的设计，保证教学的安全性。

二、体育教学方法分析

由于学者研究的视角不同，体育教学方法的分类多种多样。毛振明教授按照体育教学方法的外部形态（信息传递途径）和这种形态下的学生认识活动，把体育教学方法分为以语言传递信息为主的体育教学方法、以直接感知为主的体育教学方法、以身体练习为主的体育教学方法、以比赛活动为主的体育教学方法和以探究性活动为主的体育教学方法五类。龚坚教授根据体育教学中信息的不同获取方式，把体育教学方法分为视觉、听觉信息类体育教学方法及动觉、触觉信息类体育教学方法和本体感觉信息类体育教学方法三类。

体育教学方法体系庞杂，为便于高校学生较为直观地理解和掌握一般体育教学方法的类型及各种主要方法的运用要求，这里从体育知识教学、体育技术技能教学以及个性心理教学等方面进行分析，并且从教师的指导法和学生的学练法两个角度进行阐述。

（一）体育与卫生保健知识指导法

体育与卫生保健知识包含以下几种方法。

1. 讲授法

讲授法是指教师以学生能接受的简明语言，系统连贯传授教学计划所规定的体育与卫生保健知识的方法。讲授法应注意：
①保证知识的科学性与思想性。
②提高语言运用的技巧与艺术性。
③提高板书质量。
④充分调动学生的学习主动性。

2. 谈话法

谈话法是指教师与学生以口头交流的形式，要求学生运用已有知识经验回答教师提出的问题，从而获取新知识的方法。运用时应注意：
①选定合适的提问内容。
②正确选择与运用提问的方式。
③要鼓励与激发学生积极思维。

3. 演示法

演示法是指教师通过展示实物、模型等直观教具，或利用多媒体、幻灯、投影、录像等设备的演示，使学生获得或巩固体育知识的方法。运用时应注意：
①明确演示的目的与任务。
②要做好物质准备。
③选择适当的时机，采用适当的方法。

（二）体育技术与技能指导法

体育技术与技能指导法是指根据运动动作技能形成等规律，在教师指导下，学生掌握体育技术，提高体育技能水平的方法，包括语言法、直观法、完整法、分解和预防与纠正错误法。

1. 语言法

语言法是指在体育教学中，运用各种形式的语言，指导学生学习掌握教学内容，进行练习的方法。包括讲解、口令与指示、口头评价、口头汇报、默念与自我暗示等形式。

（1）讲解

讲解是教师给学生说明教学目标任务、学习要求、教材名称、动作要领、动作方法等，指导学生进行运动技能学习，掌握运动技术的方法。讲解应注意：要明确讲解目的；讲解内容要正确，符合学生的接受能力；要生动形象，精简扼要；要具有启发性；注意讲解的时机和效果。

（2）口令与指示

口令是用简明的语言，以命令的方式组织学生完成集体活动的一种方法，如调动队伍、基本体操练习等都需要口令。

指示是指运用较为简明的语言，用语气相对比较平和的指令性方式指导教学的方法。例如，当某一个学生动作做得不规范时，指令学生"再做一次！"当某一个学生做双杠支撑摆动时，肩关节很紧张，教师会指令学生"放松！""再放松！"

(3) 口头评价

口头评价是在教学过程中，根据教学目标和动作要求，教师以口头的方式及时评价学生学习成绩的一种方法。比如，当看到某一个学生做肩肘倒立动作时，两膝紧靠，脚尖紧绷，身体成一条直线，教师就立即评价"好，很好！"

(4) 口头汇报

口头汇报是指教师要求学生根据教学的要求和对动作的体验，简要说明自己见解的一种方法。

(5) 默念与自我暗示

默念与自我暗示是通过学生的无声语言（思维）来控制与强化身体练习的一种不同于有声语言的方法，以便在大脑中激起有意识的活动，提高对动作技术的理解并进行调节。

默念是指在做动作之前默想整个动作过程和动作重点，以无声语言重现动作过程或默念指示性词句自我调控练习过程。

自我暗示是指以暗示默诵某些较为简洁的指示性词句，从而激励自己更好地完成动作，比如，支撑跳跃落地时，为了保持缓冲平衡，暗示"稳住"。

2. 直观法

直观法是在体育教学过程中，教师通过实际的演示或外力帮助，使学生通过视觉、听觉、触觉、肌肉本体感觉器官来直接感知动作，从而建立正确表象的一种方法。包括动作示范、直观教具及模型演示与视听手段、电影与幻灯、助力与阻力、定向与领先等形式。

(1) 动作示范

动作示范是教师或教师指定的学生以具体的动作为范例，使学生了解动作形象、结构、要领的方法。

①示范要有明确的目的。每次示范都要解决问题。如让学生了解动作的整体结构、节奏，了解某个动作技术环节，或看清某个技术重点或难点。教师对完整技术或某一个技术环节的示范一般为1~2次，最多不超过3次。

②示范要正确。教师的示范要准确、熟练、优美。

③应正确选择动作示范的位置与方向。示范的方向包括正面示范、镜面示

范、侧面示范和背面示范四种形式。教师应根据动作的结构准确选择示范的方向。例如，教师要展示跳远的腾空步技术环节，应采用侧面示范。

④示范与讲解有机结合。为了充分利用学生的视觉和听觉功能，示范应与讲解相结合。

（2）直观教具，模型演示与视听手段

主要是通过黑板、挂图、模型、秒表、哨子、节拍器、录音机、学习卡片、电影、幻灯、录像、多媒体演示等手段进行的一种直观再现动作的方式。

（3）助力与阻力

助力与阻力是借助外力和对抗的阻碍，使学生通过触觉和肌肉本体感觉来体会动作要领，从而形成动作概念的一种直观方法。例如，为了增加跳远的腾空时间，把起跳板改为斜踏跳板以加大起跳的垂直力量，这就是助力；练习技巧前滚翻时，同伴用手推练习者的后背，利于完成动作，这也是助力。在标枪最后用力技术环节，同伴站在练习者的后方，用手轻拉标枪的尾部，便于练习者完成"鞭打"动作的背弓，这就是阻力。

（4）定向与领先

定向是指以具体的或形象的标志物，给学生指示动作的方向、幅度等，以利于完成动作的直观法，如跳远时助跑道上放一个标志物，利于掌握踏跳的准确性。领先是利用超前的信号和某一种视听手段，对学生进行刺激与引导，以利于完成动作的直观法，如在练习高抬腿跑时，教师用逐渐加快击掌节奏的办法，便于学生快速地完成动作。

3. 完整法

完整法是从动作的开始到结束，不分部分与段落，完整地传授某种运动动作的方法。

4. 分解法

分解法是将一个完整的动作技术，合理地分成几个部分与段落，逐个进行教授，最后完整教授动作技术的方法。

运用分解法时应注意：根据动作技术的特点，采取合理的分解方式；划分段落和部分时应考虑它们之间的有机联系；明确各部分与段落在完整动作中的

地位与作用；及时向完整法过渡。

完整法和分解法在实际运用中应是紧密结合的。运用分解法时，应注意使学生及时地进行完整练习；在以完整法为主进行教学时，也应对动作的某些环节或困难部分进行分解学习。采用什么方法应根据教材的特点、学生的能力和教学时间等因素来确定。

5. 预防与纠正错误法

预防与纠正错误法是在动作技能教学过程中，针对学生形成与掌握动作技能过程中产生的错误动作及其原因，采取有效的手段措施，防止和及时纠正学生产生错误动作的方法。如果不及时纠正错误动作，会形成错误的动力定型，从而影响学生掌握正确的技术动作，甚至出现伤害事故进而影响身体健康。

（1）要分析产生动作错误的原因

一般包括五个方面：

①运动生物力学方面原因：主要是掌握动作要领不当，技术动作不合理。

②生理功能方面原因：主要是学生的身体素质及运动能力没有达到一定的水平。

③教育心理方面原因：主要是学生的学习目的目标不明确，上课不专心，缺乏主动性和积极性，缺乏信心甚至产生畏难情绪。

④教师的组织教法方面原因：主要是组织教学不够合理，教法措施的针对性不够强。

⑤外部客观条件原因：主要是各种环境因素的干扰，场地、器材与设施方面影响。

（2）要有针对性地预防与纠正错误的方法与措施

常用的方法措施有：

①加强学习目的性教育：少年儿童的学习目的性往往比较模糊，因此结合教学目的任务，加强思想教育。注意运用启发式教学，激发学生的学习兴趣。同时，采用游戏和信号提示等手段，把学生的注意力转移到课堂和学习任务上来。

②强化概念法：强化学生对动作技术概念的理解，这是动作技能学习的认识基础。

③降低难度法：根据情况，采用适当降低学习难度和借助外力的办法，以便于掌握动作技术。同时加强身体素质的练习，提高运动能力水平。

④优化教学环境：排除一切环境干扰因素，同时加强对场地、器材与设施的检查和维护，创设优美的课堂环境。

（3）要厘清预防与纠正错误的过程

一般需要注意以下几个环节：

①备课时，首先要了解该教材的技术结构和教材教法要点，同时要预测学生可能出现的错误动作和应采取的预防措施。

②课堂教学中，要细心观察学生的错误动作，对出现的普遍性错误动作，要及时进行集体纠正，对个别学生出现的错误动作，应进行个别指导，并检查纠正效果。

③课堂要进行认真总结。

（三）以身体活动为主的指导法

以身体活动为主的指导法包含以下几种方法。

1. 游戏法与竞赛法

游戏法是在规则许可的范围内，充分发挥个人主动性和创造性，完成预定任务的一种教学方法。游戏法通常有一定的情节和竞争成分，内容与形式多种多样。游戏中的情节、竞争与合作等要素可以培养学生思考和判断能力，也可以陶冶学生的情操，锻炼心理承受能力，因而在中小学体育教学中被广泛地运用。

运用游戏法应注意：

①选择游戏的内容与形式。要根据体能发展的需要，目的明确，并制定规则和要求，这样才能取得一定的效果。

②应教育学生严格遵守规则，在规则范围内充分发挥自己的主动性和创造性。

③在执行规则时，应公正、公平、严格，这样才能激发学生参加游戏的兴趣。

④要加强游戏的组织工作，认真布置好游戏的场地、器材设施。

⑤游戏结束时，要做好讲评，指出优点与缺点。

竞赛法是通过组织教学比赛，从而对学生进行体能与技能学习、心理与个性培养及社会适应能力提高的一种教学方法。在体育教学中也经常采用。

运用比赛法应注意：

①要依据教学目标任务、教材性质、学生的技能水平和场地器材的条件等合理地运用比赛的方法。如果运用不合理反而会影响教学质量。

②合理采用教学组织形式。一般情况下，两队实力水平接近，场地、器材与设施等条件应基本一致，使学生在相同的条件下竞争。

③注意在提高学生体能和技能的同时，进行良好的体育人文价值的教育。

2. 循环练习法

循环练习法是根据教学的需要选定若干个练习手段，分设相应的练习站（点），学生按一定的顺序和练习要求，逐站依次循环练习的一种方法。循环练习法有利于控制和调节练习密度和运动负荷，也有利于提高学生的练习兴趣，发展体能。它主要是一种练习的方法，而不是一种教学方法，但它也是一种教学组织方法。循环练习的方式有多种，主要有分组轮换式和流水式两种：分组轮换式是将学生分成若干个小组，分别在各个作业点上练习，到一定时间后，同时进行轮换的方式；流水式是组织全体学生按照各个作业点的不同要求，依次进行练习的方式。

运用循环练习法时应注意：

①练习内容、练习数量以及循环练习方式，应根据教学任务、教学条件、学生情况及场地器材实际来确定。练习站数量不宜太多，一般以3~5个为宜。

②练习内容应是学生会做的，并且将发展基本活动能力、身体素质、心理品质、激发兴趣的内容合理地搭配，以利于学生的全面提高。

③各练习站练习的负荷大小应在学生最大负荷能力的1/3~2/3，并且各练习站练习的负荷大小应交替安排。还应根据学生情况，循环练习之间要注意合理的间歇。

（四）以个性心理活动为主的指导法

以个性心理活动为主的指导法包含以下几种。

1. 情景教学法

情景教学法是一种利用学生热衷模仿、想象力丰富及形象思维占主导的年龄特点，进行生动活泼和富有教育意义的教学的方法，主要适宜小学低、中年级学生。

在教学过程中设定一个"情景",甚至由一个"情景"来贯穿整个单元和课的教学过程,让学生练习用情节串联起来的各种运动,并配以讲故事、保护与帮助的方法,可用来陶冶学生的情操。

运用情景教学法的基本要求:

在进行情景教学前,教师先要让学生"入景",让"想玩"的学生有"摩拳擦掌"的心理调动,从而产生对"当前课题"的动机和兴趣。

在活动中,教师要善于利用各种情境,如通过学生相互加油、给予现场鼓励、增减比赛次数等多种方法不断激发学生们的参与热情,不断激发学生强烈的情感反应。同时,要针对学生的个体差异,进行"成功体育"式的比赛方法,使每个学生都体验到乐趣,从而达到教学目的。

活动后,要通过讲解和讲评等方式对教学进行总结,向学生反馈学习情况。同时,将学习和比赛结合起来,不能单纯地"为游戏而游戏"或"为情景而情景"。

2. 发现教学法

发现教学法又称探索教学法,是学生在学习体育的概念和原理过程中,教师仅给他们一些具体的事例和问题,让学生自己通过观察、验证及讨论等活动进行独立的探究学习,从而发现并掌握相应的概念和原理的一种教学方法。

发现教学法的指导思想是以学生为主体,通过积极自主的活动,使学生在发现的同时,培养他们自觉主动探究的学习态度和能力。这对激发学生学习兴趣以及培养学生解决问题的能力和积极进取的探索精神都有较大的优越性。

当然,这里所指的发现并不是学生真正意义上的发现,而是一个对于学生来说是未知的但通过讨论和探究可以认识的发现活动过程。

第四节 体育教育的本质与功能

一、体育教育的本质

从根本上讲,体育教育的性质是由体育的性质决定的,体育的本质属性是"增强体质、增进健康",而身心健康是人全面发展的重要内容,体育在促进人的全面发展中起着非常重要的作用。另外,我们对组成体育教育的教育部分进行详细的认识，广义的教育泛指一切有目的的影响人的身心发展的社会实践活动。狭义的教育是指专门组织的教育，即学校教育，它不仅包括全日制的学校教育，也包括非全日制的学校教育、函授教育、成人教育等，它是根据一定社会的现实和未来的需要，遵循年轻一代身心发展的规律，有目的、有计划、有组织、系统地引导受教育者获得知识技能，陶冶思想品德，发展智力和体力的一种活动，以便把受教育者培养成为适应一定社会（或一定阶级）的需要并促进社会发展的人。

（一）体育教育促进人全面发展的特性

根据马克思主义教育观的原理，体育是全面发展教育的重要组成部分。体育教育是全面发展人的教育中的一部分。体育教育以学生身体活动（运动）为根本特征，区别于学校中的德育过程和智育过程，它主要以身体教育或透过身体教育的角度来实现马克思主义历史观念中的人的全面发展。

（二）体育教育的社会制约性和服务性

从体育教育的产生与发展过程来看，体育教育受一定的社会政治经济因素影响和制约，并为一定的社会政治经济服务。现代体育教育更是引起世界各国的重视。近年来，很多国家都修改和补充了体育教学大纲，加强与改革体育教育，提高体育教育的地位，加强体育师资队伍的建设，投入一定的物力和财力，促进体育教育事业的发展。我国也非常重视体育教育，特别是二十余年来，国家出台了一系列的政策文件来加强青少年体育教育工作。1999年，中共中央、国务院颁布了《关于深化教育改革、全面推进素质教育的决定》，明确指出了实施素质教育不仅要抓好智育，还要加强体育，促进学生的全面发展和健康成长。切实加强学校体育工作，使学生养成体育锻炼的习惯。2007年，中共中央、国务院颁布了《关于加强青少年体育增强青少年体质的意见》。

2011年，教育部颁布了新版的《体育与健康课程标准》。教育部、发展改革委、财政部、体育总局于2012年联合出台了《关于进一步加强学校体育工作的若干意见》。

2016年，国务院办公厅颁发了《关于强化学校体育促进学生身心健康全面发展的意见》，文件指出要不断改革创新体制机制，全面提升体育教育质量，健全学生人格品质，切实发挥体育在培育和践行社会主义核心价值观、推进素质教育中的综合作用。

从以上我国二十余年来不断出台的加强学校体育的政策文件来看，体育教育已经深受我国政府和社会的关注和支持，体育教育事业在我国迎来了发展的良机。综上所述，社会经济的发展会在一定程度上制约体育教育的发展，但是良好的社会经济会为体育教育提供良好的土壤，促进其健康发展。而体育教育事业的不断推进也会为社会培养一批德智体美劳全面发展的人才，从而为社会经济发展提供最好的服务，因此两者是相辅相成的、不可或缺的。

（三）体育教育研究的多维体育观和方法论

随着现代社会的快速发展，人与人之间的竞争越来越激烈。因此，在学校教育中，必须提高体育教育的质量。通过体育教育的方式培养身体强健、意志力顽强、能适应现代社会竞争的，具有综合素质的现代人才。这要求我们必须从多方面，并且用多种方法研究体育教育，从而提供一定的理论支撑。体育教育的本质应该从生物学、社会学、心理学、人体科学等多维角度去探究，其本质的理论应该是全面的、系统的、多维的、立体的。现代体育教育的发展已经充分显示出它的多种功能。随着社会的进步和不断发展，还需要不断更新观念，不断丰富研究的方法和技能，并从多角度分析和研究体育教育，这样才能使体育教育不断适应社会发展的需求，并促进体育教育的改革与发展。

二、体育教育的功能

体育教育是在教师的指导和学生的参加下，按照教育计划和体育教学大纲的要求，锻炼身体，增强体质，学习和掌握一定的体育卫生保健知识和技术、技能，培养思想道德品质的有目的、有组织的教育过程。

体育教育是学校教育的重要组成部分，研究与探讨学校体育教学的功能，有助于提高对学校体育地位与作用的正确认识，从而更加重视体育教学工作。

（一）体育教育的本质功能

根据体育教育的本质特征，体育教育的本质功能包括健身功能、健心功能、智力开发功能和教育功能。

1. 体育教育的健身功能

（1）提高人体心血管系统的机能

参加体育运动可以使心肌细胞内的蛋白质合成增加，心肌纤维变粗，从而使心肌收缩力量增强，进而使心脏的每搏输出量增加，心脏的供血能力就会增强；参加体育运动可以增强血管壁的弹性，从而预防或缓解因血管壁退化引起的疾病，如退行性高血压等；参加体育运动可以加大人体毛细血管的开放程度，从而加快血液与组织液的交换，提高机体新陈代谢的水平；参加体育运动可以显著降低血液中的血脂含量（胆固醇、蛋白质、甘油三酯等），从而有效地预防冠心病、高血压和动脉粥样硬化等疾病；经常参加体育运动可以使人在安静时的脉搏和血压降低。

（2）增强人体呼吸系统的机能

经常参加体育运动，特别是做一些有氧耐力运动，如长跑、游泳等运动项目，可以使呼吸肌的力量增加，促进肺组织的生长发育和肺的扩张，从而使肺活量增加，此外，经常性地进行深呼吸运动也可以提高人的肺活量；参加体育运动后，由于增强了呼吸肌的力量，从而使呼吸深度增加，提高了肺的通气效率，使氧从肺进入血液的能力增强。

（3）促进人体骨骼和肌肉的生长发育

人从出生到成人，是一个不断生长和发育的过程，而人的生长和发育主要体现在骨骼和肌肉的生长和发育方面。参加体育活动可以促进骨骼和肌肉的生长发育。人身高的不断增长主要是因为人长骨的骺软骨不断增生，直到其骨化完成，身高将不会再增长。在青少年时期，通过让青少年接受一定的体育教育，参加一些体育运动，特别是一些跳跃类、牵拉类的运动可以刺激骨骼中骺软骨的增生和分裂，从而促进青少年身高的增长。此外，参加体育运动还可以使人的骨骼变粗、骨密度增厚，并且可以增加骨骼的抗压和抗弯折能力。相关医学研究表明，经常参加体育运动，可以增加人体内氧化酶的浓度和线粒体的数量，从而提高人体肌肉的有氧代谢水平及肌肉的能量利用能力，从而更好地为机体供能。

总之，青少年通过参加体育运动，可以促进骨骼和肌肉的生长发育，从而健康地成长；成年人通过参与体育运动，可以保持骨骼的硬度和韧度，保持肌肉的力量和柔韧性，从而健康地生活。

2. 体育教育的健心功能

这里所说的健心功能主要指的是，参与体育运动可以调节人的心理状态，促进人保持心理健康。现代社会极大地丰富了人们的物质生活，但是精神生活不能很好地得到满足，快节奏的生活、高压力的竞争使人们在精神上和心理上出现了一定的问题，如抑郁、焦虑、感情淡漠等心理症状。在青少年群体中，如恋爱受挫、考试升学的压力、大学生就业的压力等都给他们带来了不同的心理问题，而心理健康对人的整体健康具有重要的意义。

参加体育运动能够调节人的心理状态，促进人的心理健康。主要体现在以下方面：参加体育运动可以刺激人体产生一定的内啡肽，而内啡肽具有调节体温、心血管和呼吸的功能，也可以调节人的不良情绪，振奋精神，缓解抑郁，使人的身心能够保持轻松愉悦的状态。此外，参加体育活动可以增加人与人之间的情感交流，特别是一些集体运动，可以培养人的团结协作精神，减少人的孤独感和抑郁感。参加体育活动还可以让人获得自信，如在比赛场上的制胜一击、球场上的关键角色扮演等，都可以让人重新认识自己，在现实生活中的失败或许可以在赛场上获得认可，从而增加自己对生活的信心。总之，参与体育运动是一项非常好的调节人的心理的活动，可以促进人的心理健康。

3. 体育教育的智力开发功能

智力开发，是当今教育家十分关注的课题。一般认为智力是人脑功能的表现，是观察力、注意力、记忆力、想象力、思维能力等多种能力的综合表现，遗传是人的智力发展的物质前提，而人的智力能否在具有先天素质的基础上得到发展，是由社会需要、社会分工和教育条件决定的。要想适应现代化建设的需要，智力开发是非常重要的。

体育运动不仅为智力开发提供了良好的物质基础，而且，体育运动本身就是一种智力运动，一种开发智力的手段。例如，在体育教学中，进行各项运动都要求人具有观测空间大小、方位和距离的感知能力，这样才能调整与控制自己的动作，使人体处于最理想的状态，如球类练习要求学生有准确的目测力，广阔的视野和随时调整自己动作的方向，控制力量和速度等能力。其他各种练习也要求学生具有相应的时间、空间感知觉等素质。因而，体育教学能提高人的感觉器官的功能，促进人的感知能力的发展。学生在学习运动技术动作时，有助于培养直觉形象的记忆能力，并逐步产生完整而清晰的运动表象，以改进、巩固和提高动作技术。通过体育教学，还能锻炼与发展学生的思维能力。

如活动性游戏和一些球类运动，学生在活动中必须对双方的能力和战术作出正确的判断和预见，并善于在瞬息万变、紧张激烈的比赛中发挥自己的体力和技术，与同伴密切配合，巧妙运用一定的战术去争取胜利。另外，学生在学习运动技术和锻炼过程中，还能培养丰富的想象力与创造性思维能力。在形成运动技能和动作自动化过程中，学生在已经形成的运动表象基础上，通过想象，在时间、空间、力量与节奏上重新组合动作，进而通过思维和练习加以运用和创新。

现代体育已形成了系统完善的基础知识、基本技术和技能体系，它是社会文化的一个有机组成部分。参与学校体育实践，可使学生了解、掌握大量的体育基础知识、基本技术和技能，这对增加学生的知识积累、提高学生的运动能力、开发学生的智力具有十分重要的意义。

4. 体育教育的教育功能

作为一种教育活动，体育教育对人的教育功能是其本质功能之一，主要体现在以下四个方面。

（1）教会人基本的生存能力

人刚出生时缺乏生存需要的基本能力，如走、跑、跳等，这些都需要后天加以学习和训练，而体育教育是最好的途径。体育教师从小就教我们站立、走路、跑步的正确姿势，为我们日后生活打下了坚实的基础，这是人最初始的需求，从这个角度来讲，体育教育不可或缺。

（2）传递体育知识和文化

体育是人类生产生活中不断形成的文化活动，是一项宝贵的文化遗产，因此必须通过一定的活动来传递这种文化。体育教育就是承担这个职责的最好助手。通过体育教育，人们可以学习体育知识，掌握锻炼身体的办法，并且可以认识到体育对人的健康的价值，促进人们形成一定的体育意识，养成体育运动的习惯，从而形成健康的生活方式。通过引导青少年参加体育比赛，观看体育比赛，对体育规则和文化产生进一步的认识和了解，从而起到传递体育文化的作用。

（3）促进人的社会化

每一个人都不仅是一个自然人，更是一个社会人，具有很强的社会性。在经历家庭教育、学校教育、社会教育的共同作用后，人的社会属性逐渐成为第一性，逐渐完成个人的社会化。每个人只有完成社会化，才能不断适应社会的需要，如果一个人不能充分地、完善地完成社会化，那么他就可能对社会产生一定的危害，因此必须努力促进人的社会化。很多学者都提出通过体育教育、体育运动来促进人的社会化。这是因为人在参加体育运动或者体育比赛时，都需要遵守项目的规则和要求，而遵守规则放到社会领域便是遵守法律法规、遵守纪律等；体育比赛中强调的公平公正，如果延伸到生活中，就是追求社会的平等和公正。在参与体育比赛的过程中，需要与不同的人交往，如队友、裁判、观众等，这些都可以帮助人适应社会中的角色，通过参与和体验，不断修正自己的行为。体育教育是一项非常好的促进人实现社会化的活动。

（4）进行爱国主义教育

在体育教育的活动中，体育比赛等活动可以激发人们的爱国热情，是一项非常好的进行爱国主义教育的手段。我们时常能在奥运会、世界杯等世界性大赛的舞台上看到运动员在取得胜利后披着国旗绕场一周的画面，这些都能很好地给观看比赛的青少年传递极大的爱国热情，进行良好的爱国主义教育。国际比赛前的奏国歌仪式总能激发人们爱国的热情，让人们接受爱国主义教育的洗礼。因此，各种形式的体育活动和比赛是最好的爱国主义教育。

（二）体育教育的延伸功能

体育教育除了本质功能以外，还有一些延伸功能，主要包括娱乐功能和经济功能。

1. 娱乐功能

在进行体育教育的过程中，可以感受到体育活动与娱乐的天然联系。体育运动中本身就包含着娱乐的元素。体育教育过程中为学生安排的体育游戏就含有娱乐的成分。现代体育教育已经不仅仅限于传统意义上的体育课了。人们在闲暇时参加一定的体育教育活动，如参加体育培训班接受健身指导等，都可以缓解人紧张的情绪，让人产生快乐的情绪，从而发挥娱乐的功能。

2. 经济功能

体育教育的经济功能主要体现在以下几个方面：

一是通过让人学会体育技能，参加体育运动，促进人的身心健康，从而可以为国家和社会健康工作,就像那句口号"每天锻炼1小时,健康工作50年"。一个人只有拥有健康的体魄,才能为社会创造价值,创造经济效益和社会效益。这是体育教育经济功能的间接体现。

二是现代社会已经有很多的体育教育培训机构,通过培养青少年的体育技能来产生经济效益,这是体育教育的经济功能之一。

三是通过体育教育可以培养一批竞技运动员,而优秀的竞技运动员可以成为体育明星。体育明星具有很强的吸金能力,如一些足球运动员的代言收入可以达到几千万美元,这是他们产生的经济效益,也是体育教育产生的经济效果。

第二章　高校体育教学理念创新研究

> 创新教育理念作为教育改革下推行的新型教育政策与方针，强调的是全新教学方法的应用，旨在提升学生的积极性和创造性。而体育教育作为理论和实践相结合的学科，必须要利用创新教育理念展开全面革新，改变传统教学方法，促进教学效果提升。

第一节　"以人为本"的教学理念分析

"以人为本"就是以人为本位，以人为核心，把人的发展作为社会发展的目标。作为社会组成部分的体育，应将人的全面发展作为21世纪的最高命题，其根本意义在于真正认识到了体育自身的价值。现代科学和实践都已证明，体育运动可以促进人的智力发展，使人变得更聪明，更有利于科学文化知识发展。因此，在继承传统体育教学思想和实践的基础上建立一个既能培养人的体育意识，又能提高运动能力，既能增强人的体质，又能培养自我锻炼能力，使其受益终身的课程结构是体育教学的宗旨所在。

一、"以人为本"教学理念概述

（一）"以人为本"的理论基础

"以人为本"教学理念的提出是在现代人本主义教育思想的基础上发展起来的。人本主义教育思想的产生，源于对现代科学发展中人对科学产品的使用和在智能化时代发展过程中人的价值丧失的思考。

进入20世纪后，随着科学技术的快速发展，科学主义成为当代教育发展的主流。在20世纪50年代的教育改革中，各种教学思想、教学观点层出不穷，其中，认知心理学和行为主义者对人性的认识分析带来困惑，教育工具化，接受教育、获取知识的兴趣的快乐体验无法得到重视，教育单纯成为人们获得更高技能与认可的一个途径。

正是在科学技术不断发展的影响下，人类社会的生产生活方式和模式发生了很大的变化，科学改变生活，对人们启发很大，人们依赖科技，也会越来越受制于科技，因此在教育层面，人们也越来越强调"人本主义"，旨在将人从"器物"中解放出来。现代人本主义强调，应将人类从依赖科技中解放出来，恢复人在世界中的本体地位，而非依附于科技发展。

从社会发展中人的主体地位的体现到教育领域中对作为学习者、施教者的教学活动参与主体的"人"的重视，"以人为本"思想在包括教育在内的各个领域得到重视。

教育教学中的"以人为本"教学理念旨在将教学活动参与者从传统教学中的非人性化的状态中解脱出来，恢复人的教学主体地位，强调"人"的重要性。在教学中，真正关注教师、学生的自我健康、可持续发展。

"人本主义"理论具有以下几个基本观点：①学习者是学习的主体，应受到尊重；②学习是丰富人性的过程，根本目的是人的"自我实现"，强调教育应促进教学参与者（尤其是学生）人格的完整，促进人的认知与情感的丰富、提高；③人际关系是最有效的学习条件；④"意义学习"是最有效的学习。

（二）"以人为本"的教学观点

"以人为本"肯定了人在教育中的重要作用，在教育教学实践的广泛应用过程中，体育教育工作者和许多学者逐渐总结概括出了以下几个观点。

1. 教育的目的是促进师生自我实现

首先，在体育教学中，学生的自我实现是要促进学生的身体、心理、智能、社会性等全方面自我发展，让每一个学生都能通过体育教学有所进步。体育具有多元教育价值，通过体育教学能促进学生的各种素质综合发展。在"以人为本"的基础理论人本理论的支持下，体育教育强调在体育教学中不仅要重视健康知识和运动技能的学习，还要通过科学的体育教学环境创设和教学过程安排来促进学生的心理、情感、智慧、社会性发展，使学生的情感和智力有机结合。教育学家卡尔·罗杰斯认为，体育教育的一个重要教学任务就是在体育教学中促进学生的认知与情感的共同进步与发展，通过体育教学，发掘和发挥每一个学生的学习潜能，培养学生在各个方面的创造性，最终培养出来的学生应具有创新、创造意识与能力，这样的人才才是社会真正需要的人才。

其次，在体育教学中，教师的自我实现最基本的就是能创造性地完成体育教学任务，在教学中实现作为教师这一角色的价值，通过体育教学培养出适合社会发展的合格人才，促进学生的发展与进步。同时，在体育教学中，通过对体育教学的科学设计与各种丰富多彩的体育教学活动的开展和教学媒体媒介的应用来提高自己的教学能力、组织能力、社交能力、科研能力、创造力等，促进自我综合教学能力和体育素养的不断提高，实现自我职业生涯的不断发展，并能在日常工作和生活中身体力行地从事体育健身锻炼，不断提高身体健康水平，并能对学生和周围的人产生一种潜移默化的影响。

2. 课程安排应尊重学生的自由发展

在人本教育理念产生之前，传统的教育侧重社会价值和工具价值，人本的思想和观念使得人们认识到了传统工具化教育是对其本质属性的违背，人是教育的出发点，人本教育将教育的重点落实到人身上，关注人的健康成长。

体育教学所面对的教学对象是人，每一个人都与其他人存在个体差异，教育不是为了"批量生产人才"，而是旨在促进每一个人健康全面发展的基础上实现个性化发展，因此，体育教学应在统一要求的基础上做到因材施教，教师必须尽可能地实现多种多样、侧重点不同的教学课程设计，使每一个学生都能在体育教学中有所进步与成长，通过科学体育教学活动组织与引导学生正确、充分参与，培养个性化的人才。

3. 教学方法选用应重视学生情感体验

人本主义教学理论强调"以人为本"，主张教学以学生为中心，实现个性化发展，而学生的这种发展都是从学习经验中体悟和实现的，这就要求体育教学中应重视科学化体育教学方法的选择，激发学生的体育学习兴趣，使学生获得良好的学习体验。

在"弘扬人的个性，强调以人为中心，尊重人的情感体验"的现代体育教学中，体育教师应全面了解学生、充分尊重学生、真正理解和信任学生，在此基础上，教师与学生之间的"高高在上""师命不可违"的关系才能彻底改变，才有助于教师与学生构建和谐的师生关系。良好的师生关系的建立对于体育教学活动的顺利开展具有非常重要的意义。可以说，学生对体育学习的态度、个人爱好、获得学分是重要动机，来自教师的个人魅力因素也具有重要影响。此外，师生的和谐关系建立也有助于教学活动中师生能够更好地配合，从而提高体育教学质量。

二、"以人为本"教学理念的高校体育教学指导

（一）重新定位体育教育价值

传统体育教学在对"育人"的认识上存在不少误区。长期以来，人们总是在理解体育科学化的基础上，采用生物学的观点来对学校体育的价值做出判断，并且过多地关注学校体育"增强体质"的功能。此外，在对体育运动的本质理解上，一些教师存在一定的偏差。以足球运动教学为例，我国体育教材普遍将体育运动确定为"是以脚支配球为主，两个队在同一场地内进行攻守的体育运动项目"，针对此概念，有教师认为，"球"是活动争夺的目标，自然应该处于主体地位，因此忽视了"球"要受制于人，"人"才是整个体育活动的主体。

在全球化的发展背景下，各种思想文化处于不断的发展和融合之中，教育思想也呈现出这一发展趋势，人本理论和"以人为本"教育理念的提出体现了当代社会对人的发展的重视。在体育教育教学领域，当前的学校体育更加强调人性的回归，学校体育的根本出发点和落脚点应是"育人"。

在现代高校体育教学中，"以人为本"教学理念是符合当前时代的发展要求的。目前，人的发展在社会各领域受到了重视，即使在智能时代，很多机器生产代替了人工生产，但是发明机器、操控机器的还是人，人在人类社会的发展中是起到关键作用的，任何时候都不能忽视人的作用。

在人本主义教学理念与思想指导下的体育教学，就是要求教育者在体育教学活动开展过程中关注作为教学对象的学生这一因素，教师的教学活动开展需要学生的参与、配合，如果没有学生的参与，教学活动就没有开展的意义。

必须提出的是，教师也是教学活动中非常重要的参与一方，应该受到关注。体育教师在教学活动中所发挥的作用也不容忽视。

现阶段，我国体育教学思想呈现多元化的发展趋势，诸多教学思想都围绕"人"的教育展开论述，讨论了体育教学中如何更好地促进和实现"人"的发展。

（二）体育教学目标的重构

在我国，传统的学校体育教学目标为增强学生体质、掌握"三基"和德育，体育教学过于功利化，过于追求竞技成绩和金牌数量，这些都严重忽视了学生的健康发展，不利于学生的可持续发展，也不利于整个教学的可持续发展。

随着体育教学的不断发展，新的科学化的教学理论、教学理念给体育教育工作者带来更多的教育启发与指导，体育教学的育人作用被不断丰富和发展，多元化的学校体育价值体系对体育教学目标重构提出了要求。

新时期，"以人为本"教育理念在学校不同学科的教学中广泛应用并渗透，也有越来越多的学者认识到传统的体育教育体制不再适合当前的体育教育教学，不能单纯地追求学生的外在技能水平，应该重视学生的全面、健康、可持续发展。新时期的体育教学的重点转移到"以人为主"上，在体育教学中，教师必须认识到，人是运动的参与者、运动的主体，体育运动的教学和训练必须以促进人的全面发展为根本目标。

（三）学生教学主体观的建立

现阶段，"以人为本"成为我国体育教学的重要教学理念，在我国体育教学实践活动开展过程中，越来越多的教师开始关注学生，从学生的特点、条件、基础和学习需要出发来选择教学内容、教学方法、教学组织形式与教学模式。高校体育更多以选修课形式设置，教师也正是通过个人教学能力、对学生的"因材施教"和关心关爱学生、研究学生获得学生喜欢，以促使更多的学生来选修体育课程。

总之，学生是教学的主体，没有学生，教学也就不复存在。

（四）体育课程内容的优选

传统体育教学对学生的全面健康发展关注不够，体育教学课程内容主要是竞技体育运动技能，体育教学课通常被体能训练课、技能训练课代替，新时期的"以人为本"教学理念重视学生的全面、健康、个性化发展,在体育教学内容选择上也更加科学。

在"以人为本"教学理念指导下,我国的体育教学有了很大的进步与发展,为了进一步促进我国体育教学改革,教育部门先后修订各级学校体育教学大纲,强调在体育教学中要不断丰富体育教学内容,通过多样化教学内容促进学生的身心健康与全面发展。在高校体育教学中,教学活动开展也建立在落实"健康第一"的教学理念的基础上,通过丰富的体育教学内容来吸引学生参与体育锻炼,通过体育教学促进学生身心健康发展,而非传统体育教学中只关注竞技能力提高,有时为达到"竞技力提高的目的"甚至安排不合理的教学内容,揠苗助长,可能对学生身心健康造成损害,这种行为是"健康第一"教学理念坚决禁止的。

此外,在丰富高校体育教学内容的同时,"以人为本"教学理念还强调体育教学内容与不同大学生的发展需求相适应,在体育教学内容优选中应注意以下几点要求:

第一,突出体育教学内容的趣味性,在课程改革过程中,激发学生学习的兴趣。

第二,强调体育教学内容的健身性,对过度强调竞技技术提高的体育教学内容予以摒弃或改编,使之能更好地为促进高校大学生的身体健康服务。

第三,重视体育教学内容的适用性,体育教学内容的实施应有利于学生当前的身体健康发展,并能为高校大学生的终身体育意识和体育能力的培养奠定基础。

第四,关注体育教学内容的创新性,高校体育教学内容还应适应现代化社会发展潮流,应具有启发性、创新性,促进高校大学生的创新意识和能力培养。

第二节 "健康第一"的教学理念分析

体育是文化教育的重要组成部分,是现代人生活中不可缺少的文化生活内容;健康是人追求的目标和权利,是人生最为宝贵的财富。体育教学将体育锻炼与健康知识有机结合起来,使身心健康成为体育锻炼的终极目标。因此,在体育教学中树立"健康第一"的教育理念,不仅是学生更加科学地参加体育锻炼和维护健康的需求,也是每个学生必须具备的文化素养。

一、"健康第一"教学理念概述

（一）"健康第一"的理论依据

从世界范围来看，"健康第一"教学理念的提出是符合世界教育发展趋势和社会对人才的发展要求的。

1. 世界范围内对人类健康发展的重视

在人类社会的发展历程中，健康始终是一个备受关注的课题。人类健康是推动人类社会发展的一个必要条件。

随着国际上的大众健康交流日益增多，各国和地区都非常重视本国和本地区的大众健康发展，整个社会已对体育的功能、价值等形成了全新的认识。在教育领域，重视学生的健康发展，成为各个国家和地区重视本国体育事业和教育事业发展的重中之重，体育健康教育对提高青少年体质健康水平、通过青少年群体影响周围群众健康、实现青少年进入社会成为社会体育人口间接促进社会大众健康具有重要而深远的影响。

2. 社会发展对人才健康发展的客观要求

随着科学科技的不断进步、经济发展迅速、社会生活节奏日益加快，人类的体力劳动越来越少，长时间伏案工作造成的"运动不足""肌肉饥饿"严重影响了人们的身体健康。

在当前和未来社会发展过程中，健康问题将始终是影响个人和社会发展的一个首要问题，社会的快速发展与激烈竞争要求现代人才不仅要有正确的政治思想，具备扎实的科学知识和能力，还必须具备强健的体魄。"身体健康是其他一切健康的基础""身体是革命的本钱"，身体健康是个体生活、学习、工作的基础，如果没有一个健康的身体，就很难在社会劳动力竞争中占据优势，社会竞争对劳动力的基本要求就是身体健康。要想在竞争中立于不败之地，必须首先拥有一个健康的体魄。

教育的最终目的是促进个人的健康发展、培养符合社会发展需求的合格人才，对学生群体的身体健康教育是体育健康教育的重中之重。

（二）"健康第一"的教育特点

"健康第一"教育理念内涵丰富，其在体育教学实践中表现出以下特点。

1. 强调身体健康是健康的基础

"健康第一"，其中所提到的"健康"是全面的健康，是包括身体健康、心理健康、社会健康、生殖健康等在内的多维健康，健康的基础是身体健康。健康的体魄是人类发展的基本标志。教育应首先关注健康教育。

2. 强调多元健康发展的素质教育

"健康第一"作为现阶段重要的先进教育理念被提出，强调体育教育应重视学生的健康发展，指出学校教育教学的首要目标是促进学生健康成长，学生的身心健康比"卷面分数"更为重要。

3. 强调健康教育的全面性

（1）学生身体健康教育

在"健康第一"教育思想指导下，高校体育教学应时刻关注学生各方面健康的综合发展，通过体育教学，关注和促进学生的身体健康发展，也促进学生的心理和社会性发展，为学生奠定良好的身体基础、心理基础，并能在走出校园走进社会后以良好的身心状态和水平应对生活、工作、再教育中的各种挑战。

（2）学生心理健康教育

现代社会竞争日益加剧，各种社会竞争要求社会生活中的每一个成员都应具备良好的心理素质，如此才能正确地看待、应付学习、生活、升学、就业、恋爱、婚姻等过程中的各种问题。当前，就我国高校大学生群体而言，许多大学生都深受学业、就业、生活中的各种问题的困扰，存在不同程度的心理问题。因此，教育关注学生心理健康非常必要。体育具有促进运动者健康心理形成和发展的重要作用，现代大学生压力大，也容易受不良因素影响，高校体育教育应关注大学生的心理健康发展，通过开展体育教学活动，促进大学生心理健康发展。

（3）学生社会性发展教育

体育是一种独特的教育形式，学校体育教育可促进学生的社会性良好发展，应该在教学中有意识地培养学生的人际关系建立、竞争与合作能力。

因此，在高校体育教学活动开展中，深入挖掘体育的教育价值，在体育教学实践中充分贯彻"健康第一"的教育理念，切实促进学生身心健康、全面发展。

二、"健康第一"教学理念的高校体育教学指导

（一）树立体育教育新观念

"健康第一"教学理念对我国的体育教育最重要的影响就是，教育重点和方向的转变，新时期，贯彻"健康第一"教学理念，就必须转变体育教育观念，改变竞技化体育教育，关注学生身心健康发展。应该把教育的重心从单纯地追求学生的外在技能水平向追求学生的全面协调发展转移。

新时期，不断强化高校体育教育教学改革，必须落实健康教育，每一个高校、每一个高校体育教育工作者，都应该形成正确的体育价值观、培养良好的意志品质，不断完善性格特征。总之，现代科学化的体育教育应该将体育教育工作理念从以往单纯的"增强体质"为主转变为"健康第一"的新型教育观、发展观。

现阶段，社会发展对人才的要求是全面的，一名合格的社会人才应该是健康发展的人才，身体健康、心理健康、社会性健康等，缺一不可。

（二）明确体育健康教学目标

在当前的体育教育教学实践中，"育人"是学校体育教学工作的最根本目标，技术教育和体制教育并不能完全作为学校体育实践的重心，"健康第一"的教育理念为促进我国高校体育目标多样性、多层次建构提出了如下新的要求。

第一，高校体育教育应重视加强学生的体育文化知识教育，提高学生体育文化素养。

第二，高校体育教育应充分融合健康、卫生、保健、美育等多种教育内容，通过内容全面的体育教育来培养学生健康的体育意识、健康的娱乐休闲习惯，远离可能影响个人身体健康的一切不健康因素和事件。

第三，高校的体育教育工作的开展应紧密结合学生生长发育与生活实际开展健康教育，使学生学会自我保护，预防疾病发生。

第四，高校体育教育应重视大学生青春期教育和心理健康教育，将其作为健康教育的重要内容来抓，为学生在特殊时期的健康成长提供科学指导。

(三) 完善体育教学课程体系

深化高校体育教学课程体系改革是促进高校体育教学发展的重要和有效途径，要贯彻落实"健康第一"体育教学理念，就必须在体育教学课程体系建设方面做好工作，不断丰富体育教学课程体系内容，以更好地满足当前高校大学生的多元化、个性化的体育健康发展需求。

在"健康第一"教育理念影响下，我国的高校体育教学课程现状发生了很大的改变，如体育课程内容的增加，教学方法的不断丰富、学校体育课内与课外活动的有机结合，体育选修课越来越考虑大学生的学习爱好与需要，体育课程与内容设置针对不同专业学生凸显出专业特点等。

现阶段，要继续贯彻"健康第一"教学理念，建设更加完善的体育教学课程体系，应持续做好以下工作。

第一，在高校体育教学中，应始终坚持以学生为主体，将学生的身心健康发展放在首位，所有教学活动的开展都应围绕促进学生的健康发展服务。

第二，调整体育教学内容，充分了解学生的特点和需求，对体育教学大纲所规定的教学内容进行科学选择，对与本校实际教学情况和本校学生不适合的教学内容进行调整，使体育教学内容能更好地从理论落实到教学活动实践中。

第三，丰富体育教学内容。通过丰富的体育教学内容吸引高校大学生的体育学习与体育参与兴趣，满足大学生的不同体育学习需求。

第四，重视教学内容的因地制宜，根据本地区气候、资源以及学校自身教学特点来进行特色化的体育教学课程设置，并研究推出更能反映本校学生健康发展的健康检测内容与标准。

第五，重视高校大学生课内体育教育与课外体育活动的有机结合，加强体育课对学生的教育意义和提高学生对体育课的兴趣，使学生养成科学合理的作息习惯、健身习惯，在课余时间也能科学健身，保持健康的生活方式。

（四）重视体育教学方法优化

良好的体育教学效果的开展受到体育教学方法的影响，在高校体育教学中，有很多体育教学方法可以供教师选择，不同的体育教学方法有不同的特点，同一种体育教学内容的展现可通过多种教学方法来展现给学生，体育教师应该判断出哪一种教学方法是最合适的，这样可以促进教学方法应用的最优化，进而促进体育教学效果的最优化。重视体育教学方法优化，要求体育教师具有良好的体育教学能力，有能科学选择各种教学方法、有效应用各种教学方法的能力。

（五）教学评价体系的完善

在"健康第一"思想的影响下，体育教学的评价应以增强学生体质、促进学生身心健康发展为重要评价指标，完善体育教学评价体系。

"健康第一"教学理念指导下的高校体育教学评价体系的科学化构建与完善，具体要求如下。

第一，对学生的全面评价中，要重视对多方面的教学效果进行量化分析，并且将定性评价和定量评价相结合，提高教学评价的科学性，促进学生能更好地认识自身的不足以及获得学习的动力。

第二，对学生的全面评价中，要做到评价内容、评价指标、评价方法的全面，还要尽量做到邀请不同的评价主体进行评价。

第三，体育教学不仅注重对学生进行全面的评价，还注重对教师教学方面的评价。

第三节 "终身体育"的教学理念分析

终身体育理念是现代文明应有的生活态度，也是对体育教学精髓的诠释。终身进行体育锻炼不仅可以改变高校体育教学的不足，还能帮助高校生获得自主的体育理念和学习意志，为其日后走向社会奠定了良好的思想基础和身体素质。

一、"终身体育"教学理念概述

(一)"终身体育"的基本内涵

"终身体育"教育思想的形成是人类自身和社会发展的必然。终身体育包括两方面:一是,终身教育贯穿人的一生,从出生开始一直延续到生命的结束,在人的一生中,都应养成参加体育锻炼的习惯,体育是日常生活的重要组成部分;二是,终身体育是科学的体育教育,在人一生中的不同阶段,都有正确的价值观念来指导和引导个体参加体育活动,并通过体育活动的参加实现身体的健康发展而终身受益。

具体可以从以下几方面来理解终身体育:①时间方面,贯穿于人的一生;②内容方面,项目丰富多样,选择性强;③人员方面,面向社会全体公民;④教育方面,旨在提高全民体质健康水平。

学校"终身体育"教学思想的树立和形成能有效促进我国体育教学的发展,是所有运动项目的体育教学都应该树立的正确教学思想和观念。

要切实推动终身体育教育理念在高校的贯彻落实,教师在推动"终身体育"教育思想的落实方面具有非常重要的责任与作用。调查发现,在学生对于体育运动的参与方面,有很多学生受到教师的影响,特别是教师业务水平的影响,教师应在教学中和课堂外都提倡学生积极参与体育锻炼。

在体育课堂教学中,教师应关注学生终身体育意识和能力培养,不能只关注和过于重视技术、技能教学。

在体育课堂外,教师可以组织学生开展各种体育活动、体育游戏,对高校大学生体育俱乐部活动的开展,教师应鼓励并给出指导性意见和建议。

(二)"终身体育"的思想特征

1.体育锻炼时间的终身性

"终身体育"是一种先进的教育理念,其最为重要的一点就是它可以令个体一生受益。

从教育功能作用于个体的影响来看,"终身体育"突破了传统的学校体育目标,过分强调学习和掌握运动技能的观念,打破了传统的体育教学,把人接受体育教育的时间局限于在校学习期间,将体育教育时间大大延长,囊括了人的一生。

"终身体育"教育理念强调体育教学应符合学生生长发育、心理健康发育的客观规律,以及健身的长久性,注重培养学生对体育的爱好、兴趣,养成锻炼的习惯和能力,强调体育参与的终身参与、终身受益。

2. 体育锻炼群体的全民性

"终身体育"的体育对象指接受终身体育的所有人,每一个社会成员都应该积极参与,"终身体育"是面向全体社会成员的,从学生在学校体育教学中逐渐培养起体育锻炼意识到走出校门走进社会之后能持续参与体育锻炼,为以后的整个人生参与体育锻炼奠定良好的基础。因此,终身体育教育的主体并不局限于在校学生,而是面向所有民众,应做到全民积极、主动参与。

从一种体育发展理念演变为一种体育教育理念,"终身体育"教育理念的教育对象是面向整个人类社会成员的,"终身体育"教育不仅仅局限于学生,也包括社会大众。

体育教育是一个需要长期坚持的系统工程,生存、健康是社会和时代发展主流,健康是人们生存生活的重要基础,体育健身与生活是密不可分的。因此,无论个体的年龄、社会身份发生怎样的变化,都应该成为"终身体育"的教育对象。

3. 体育锻炼目的的实效性

"终身体育"以适应个人发展和社会发展为根本着眼点。因此,终身体育参与必须做到因地制宜,因人而异,不同的人应结合自己实际选择具体锻炼内容、方式、方法等,同时,应融入日常的生活、学习、工作中。

在现代社会生活中,人们为了改善自己的生活质量,根据自身条件合理选择适合自己的体育方式,做到有的放矢,具有较强的针对性和实效性。

在高校体育教育教学中,体育教学的内容选择、方法运用都应为提高学生的体育知识、体育技能服务,不断提高学生的终身体育意识和终身体育能力,如此,在大学生毕业进入社会后,也能持续参与体育健身锻炼。

（三）"终身体育"与体育教育

1. 终身体育与学校体育的相同点

（1）共同的体育目标——育人

体育具有多元教育价值，无论是终身体育参与还是体育教育的体育活动参与，其最终目标都是实现体育运动者的体育、智育、德育、美育等多元教育价值，更好地促进运动参与者的健康全面发展。

健康的身体是其他健康的前提条件，学校体育教学就是要培养学生的终身体育意识与能力，以为其健康的一生更好地实现个人价值和社会价值奠定健康基础。

（2）共同的体育手段——健身

终身体育活动参与和体育教育都是通过体育运动健身参与来实现体育的教育价值的，最终的个体行为也都落实在体育健身活动上，终身体育强调个体应养成终身参与体育锻炼的习惯，在人生的每一个阶段都积极参与体育健身锻炼。体育教学以学生的身体练习为主要教学手段，通过身体活动促进身心、社会性全面发展。

（3）共同的体育任务——掌握体育知识，提高运动能力

个体的终身体育健康参与，离不开科学体育知识做指导，离不开体育健身锻炼实践活动参与，而同时，体育知识与体育技能的掌握，也是高校体育教学的重要任务，只有掌握这两方面的内容，才能更加科学地从事体育健身实践活动，才能通过身体力行的体育活动参与实现运动者的身心健康全面发展。

2. 终身体育与学校体育的区别

（1）体育参与时限不同

终身体育贯穿人的一生，学校体育只负责学生在校期间的体育教育。

（2）体育教育对象不同

终身体育以全社会所有成员为教育对象，学校体育以在校学生为教育对象。

二、"终身体育"教学理念的高校体育教学指导

（一）转变传统体育教学思想

"终身体育"教学思想指导下的高校体育教学，在体育教学内容、体育教学方法、体育教学评价等方面都要做到以培养和提高学生的体育终身意识和能力为标准，通过与学生日常生活、学习、工作关系更密切、关联程度更大的体育项目教学，培养学生的运动习惯，而不是仅仅关注学生的运动技能掌握情况。

高校体育教育教学过程中，教师应将体育教学达标标准的制订从单纯和过度关注技能指标的思想观念中解放出来，关注学生的体育价值观、体育态度、体育意识、体育行为习惯，如此才能真正有针对性地开展体育教学，才能真正实现终身体育教育。

"终身体育"教学理念是高校体育教学改革的指导思想，也是高校体育教学发展的落脚点。

（二）重视学生终身体育意识的培养

个体的体育活动参与行为的实现，必须建立在对"终身体育"教育理念有一个正确认识的基础上，"终身体育"意识是高校大学生主动进行体育学习、体育参与的重要内部驱动力和动机。

当前社会，社会节奏快、生活压力大，每个人都面临着各种各样的生理和心理负担，要获得高质量的生活，就必须确保身心健康发展，体育运动能有效促进运动者的身心保持良好的状态，终身体育对于学生的身心素质发展具有重要的促进作用。学生走进社会后，在社会上面临的各种压力并不比学生时代少，甚至更多，体育健身锻炼是一种身心压力释放、身心健康状态重塑的过程，对运动者保持良好身心状态迎接生活、学习、工作挑战是非常重要的，可以有效提高个人生活质量，提高学习、工作效率。

终身体育活动参与对于个人的社会性发展具有重要的促进作用，大学生坚持体育健身锻炼，能有效增强身心适应能力，可以在毕业步入社会后更好地适

应社会，提高抗压能力。

现代高校体育教学实践中，要培养学生的终身体育意识，要求教师应做好以下教育引导工作：

第一，引导学生树立正确的体育价值观。

第二，端正体育学习态度。

第三，将素质、技能、知识、能力等教育内容渗透到终身体育教育中。

第四，通过体育教学丰富学生的体育知识、体育技能，提高终身体育参与能力，为终身体育锻炼奠定基础。

（三）丰富终身体育教学内容的设置

学生的个体差异性决定了学生的体育兴趣爱好不同、所适合从事的体育运动项目不同、所渴望学习的体育运动知识与技能不同，因此，在高校体育教学中，不能只追求学生某一特定的运动技能和运动的熟练程度，而要重视不同学生的不同体育发展需求，尽可能地丰富体育教学内容，使体育教学内容项目、层次多样化。

"终身体育"教学理念指导下的体育教学内容丰富化教学工作要求如下：

第一，延伸与拓展学校体育课堂教育，使学校体育向终身体育延伸。

第二，不同教学内容的课程目标设置应在充分了解与分析学生现状的基础上进行，以体育课程终身体育教学目标为导向组织体育教学。

第三，选用体育课程内容时，应重视对休闲体育项目、时尚体育项目的引进，开展能够激发学生体育兴趣和潜能的体育活动。

（四）关注学生需求与社会需求的统一

"终身体育"旨在为学生提供一种健康的生活态度与生活方式。对于任何人来说，身体健康都是个体适应现代社会生活、工作、发展的必要条件。

高校体育教育的终身体育教育理念的贯彻，就是要在培养符合社会发展的合格人才的基础上，促进学生的个性化发展，实现学生的社会价值与个人价值的共同发展。高校终身体育教育对学生需求与社会需求的统一性的实现，要做好以下工作。

第一，重视国家需要、社会需要与学生个体需要的有机结合。

第二，明确学生需要与社会需要的彼此地位。这是正确处理学校体育发展与社会需要适配性的关键问题。

第三，重视体育教育的健身价值与人文价值的实现，重视体育知识、体育技能、体育习惯的共同培养。

第四，围绕学生开展体育教学，充分满足学生的学习和发展需求。

第五，全面提高大学生的体育素养，以符合社会发展对人才的体质、体能、知识、精神、道德要求。

"终身体育"教育有四个支柱，即"学会认知、学会做事、学会生活、学会生存"，但应充分考虑"终身体育"与"以人为本""健康第一"的有机结合。

第四节　创新教育与个性化教育

一、创新教育理念

（一）创新教育理念的内涵

所谓创新教育，是指通过教育培养学生的创新意识和创新能力，促进学生的全面发展，弘扬人的主体精神的教育。创新教育本质上就是素质教育的一个组成部分，是深化教育改革的一种措施。创新教育一方面是全面的综合性的教育理念，强调理论与实践相结合，课内知识与课外知识相结合，在创新教育下，每个学生都能享受到体育教育的成果。另一方面，创新教育不仅包括实践创新，还包括理论创新。创新教育理念的重心是学生，它的主要目的是提高学生的综合能力和心理素质。

（二）创新教育理念下体育教学实施策略

1. 加大对新式教学方法的应用

在创新教育理念下，多从实践中总结经验，积极探索适合学生的教学方法，并对传统的教学方法进行整合、创新、优化，提高学生的积极性，让他们充分感受体育带给他们的快乐和成长。

2. 优化体育课程的设置

体育课程的设置，要以学生为主体，充分利用现代高科技的教学手段，把吸引学生的注意力和兴趣作为主要教学目的，让学生在教学过程中产生浓厚的兴趣，发挥自主创造性，保证课程顺利进行。

3. 充分利用成功教学法

相比其他课程，体育课堂应该是最能让学生放松的场所，所以在创新教育理念下，要让学生在体育课堂中感到轻松快乐。因此，在具体的教学过程中，教师可以充分利用成功教学法，根据学校的具体情况，适当地降低锻炼的难度，调整运动中速度、准确度的指导标准，因材施教，让学生在锻炼中体会到成功的喜悦，增加学生的学习兴趣，使课堂的氛围更加活跃。学校教师应该多引导，帮助学生正确认识到在生活中出现的种种挫折，让他们明白生活中不是所有的事情都是一帆风顺的，在体育锻炼的过程中让学生体会到"胜败乃兵家常事"。

4. 提高教学方法的娱乐性

在玩的过程中体育教师可以不知不觉地完成课堂既定的教学目标，让学生在体育课上充分运动起来，才能让学生真正体验到运动锻炼的目的，才能在学习中更好地集中注意力，提高学习效率。

5. 严格对体育教师教学方法的要求

学校必须加强对体育课的监管力度，鼓励教师多总结教学经验，积极参与课题研究，利用现代教学技术手段更新教学方法，不断提高教学技能，引导学生积极学习体育知识、加强锻炼，真正解决创新教育理念下体育教学所面临的困境。

二、个性化教育理念

（一）个性化教育理念的内涵

个性化教育尊重个体的独特性与差异性，针对这些差异性采取不同的教育手段，使每个个体的生命潜能得到充分的发挥，促进个体生命自由发展。个性化教育体现学生的主体地位，充分尊重学生的个性特点。其最大特点就是突出个体的差异性，这种差异性既包括个体的身体、心理、素质等方面的遗传因素，也包括个体后天通过教育和环境的影响所发展的程度。在此基础上，通过不同手段，激发个体的主观能动性，调动个体的积极性来主动地获取知识、增强能力，促进个体的发展。

由于教育的对象是人，而人是具有独特个性的生命体，因此，教育必须重视人的个性发展，改革教学目的和教学策略，使之更加个性化，才能真正实现"为了每个学生的发展"的目标，即实施个性化教育，促进人的个性发展。实施个性化教育是时代发展的需求，在当下这个知识经济全球化的信息时代，人才对知识的应用和科技的创新有至关重要的作用，而人才尤其是高级专门人才的培养有赖于高等教育。高等教育的个性化发展趋势是整个教育和整个社会的要求。实施个性化教育符合学生个性全面发展的需要，能够突破约束性的、不充分的状态，并能全方位地体现我国培养德、智、体、美、劳全面发展的人才的取向。

高等教育的目标就是促进学生的全面发展，这个过程需要采用多种教育手段来进行。个性化教育将学生放在教育活动的主体地位，促使学生积极主动学习，充分发挥自己的潜力，让每个学生在自身已有的基础上获得最好的发展；鼓励学生发挥他们自己的能力；要密切关注每个学生的独特性，但是一定要保证个体在集体活动中的参与度。

（二）个性化教育的目标

个性化教育所指的教育目标应是具体到个体的教育目标，是教育目标在个体身上的内化和具体化，即学生个性潜能的充分发挥和全面成长。高等教育以学生的全面发展为基础，培养学生的创造力和独立性。所以，学校要充分肯定学生的个性特征及其发展需求，为学生提供适合其发展的教育内容和教学方式，以培养创新型人才为目标，提升学生的自身素质，实现学生个性的全面发展。个体是承载教育目标的主体，教育目标不可能脱离个体而存在。个性化教育重视培养创新型人才，所以学生创新能力的培养是个性化教育的关注重点，它倡导学生学会自我发现和自我认识，提倡学生自我潜能的发掘。用马克思的观点来说，自由全面的发展是人的个性发展的最高形态。因此，实现个体个性自由全面的发展也是个性化教育的最终目标。

当前世界各国教育界一直在追寻的目标就是创新型及开拓型人才，创新性不但是个人价值的展现，同时也是国家兴盛的标志。创新包含了事物变化过程与事物变化结果两方面，通过一定的个性化教育教学活动可以培养一定的创新能力，从这个意义上来说，个性化教育与创新教育的内涵是相同的，也就是要始终致力于培养富于创新意识、创新能力的人才。对于高等教育来说，素质教育同个性化教育和创新人才培养也是可以画等号的。在素质教育的背景下，必然要求创新型人才逐步凸显个性能力，个性能力最基本的特质便是主观创造性。注重个性化教育的观念应当贯穿于现今的高校教育理念当中，通过多种不同的教育手段，达到教学功能中人本思想的继承发扬。将教育者主导地位与教育者主体地位理念显现出来，是当前教育者的主要责任。个性化教育是个性全面发展、身心健康，具有创新精神和实践能力，并且能够满足社会发展对其需求的人才成长成才的必经之路。改革传统的教育教学模式，是培养学生创新能力的有效途径。

（三）个性化教育的原则

1. 适应性原则

适应性原则是个性化教育原则中最重要的一个，是具有指导意义的原则。个性化教育与同质教育是对立的，前者采用个性化的教育手段，促进个体的个性化发展，后者则忽视了个体的差异性，用相同的尺度来衡量所有的生命体。对每个个体来说，只有那些能够激发他们潜力的教育，才是真正的个性化教育。教育实践活动的适应性要求教学要适应学生之间的差异，为学生提供符合其原有知识基础的教学内容，并采用符合每个学生发展状况的评价等来体现。个性化教育以人为核心，要求教育要适应个体发展的独特性和规律性，要求教师适应学生，为学生的发展提供服务。现实的生命个体是生活在社会中的人，不是简单的存在物，个体的社会活动和他们之间的社会关系构成了他们社会性的本质。因此，个性化教育并不否认教育对生命发展的要求。今天，社会的需要越来越多样，社会多样化也要求人才的多样化来满足社会发展的需要。因此，尊重个体的独特性，满足个体多样性的发展需要，促进个体的个性化和全面化的发展是社会发展的要求。

2. 独特性的原则

个性化教育的原则，既指向个体的个性化，又指向学校的个性化，既尊重个体的独特性，又要求学校特色化办学。这二者是相辅相成、相互促进的，个体的个性化发展需要学校提供个性化的教育，而学校的特色办学又能促进个体个性化的发展。遵循差异性原则，强调因人而异、因材施教，是个性化教育的客观要求。

3. 自主性的原则

主动性是学生发展所需的最主要的因素，主动性受到制约，那么积极性和自主性就会受到限制。因此，自主的能力不仅是个体存在的方式，也是独特人格形成的保障。自主性是人生而有之的，不是靠教育创造出来的，即使如此，自主性的重要性也要求个体完全拥有发展的主动性，教育不可以制约这种主动性。教育的宗旨是为个体提供成长发展过程中所需的环境，促进个体自由充分地发展。因而，教育必须扭转以教师为中心的教育模式，树立以学生为本的教育理念，使学生学会自我教育。

（四）个性化教育的特点

1. 个性化教育是创造性的教育

当代教育思想认为，每个人都是独特的个体，每个人都有自己的特点与才能，充分发挥特长，发扬个性，最终都能成才。当今社会需要的是创造型人才，创造力最开始源于思考的能力，而思考的能力来源于学习的能力。但是学习的能力并不等同于接受知识的能力，而应是指认知的能力。知识是固定的、已有的、经验性的，是静态的。而认知是动态的，正在发生的。认知虽然也会受到所学知识的影响，但是，认知也能够促进知识的生成。所以，教育不应该只是教给学生知识，更应该培养学生认知的能力。每个人的个性中都存在着一种较强的认知能力，这种认知能力能够促使个人在某一领域的主动性和求知欲胜过任何方面。因此，个性中都包含着无限的创造性，这种创造性受到主动性和求知欲的驱使，成为个性发展的基础。无个性，不创造。如果能够充分发展个性，就能够培养一个人的创造力，从而有效地促进他的全面发展。

2. 个性化教育是适应性的教育

个性化教育的适应性要求尊重学生之间的差异性，采取适合学生的教育方法和手段，使这种独特的教育行为贯穿学生学习的始终，这个过程包括学习动机的产生、学习内容的选择、学习行为的实施等阶段。适应性教育是依据学生的个性、人格、兴趣以及能力等方面的差异，为学生提供适合他们的教育。适应性教育也是强调人的发展需求，重视学习的过程，通过激发学生的兴趣，引导学生的积极性，来促进学生身心全面发展。

3. 个性化教育是独特性的教育

个性化教育充分尊重学生的独特性和差异性，是超越道德和人格，直击生命的体现，是"以学生为本"的教育理念的体现。一是尊重个体的个性。一个人就是一种个性，一个人的存在就是一种个性的存在，教育是对人的教育，因此教育要尊重人的个性发展，从根本上认识到个体个性发展的重要性。二是尊重个体的需要。需要是发展的动力，发展就是不断满足需要。个性化教育既要尊重学生的需要，使学生能够享有自己独特的教育与学习方法，满足学生个性化学习的权利，又要引导学生的需求，使其向着对个人和社会有利的方向发展。每个学生都是独特的生命个体，他们之间存在着差异，这种差异既表现在先天的因素上又表现在后天的发展上。先天因素的不同导致某些学习能力的差异，后天的学习风格与能力也会因为先天和后天的因素而产生差异。所以，教育就要根据这些差异采取不同的教学策略和方法。

4. 个性化教育是全面性的教育

个性化教育摒弃了平均发展，重视各方面的协调发展。个性化教育认为，只要为人提供了最适合的教育，人就可以将自己的优势充分发挥出来，取得突破性的进展。人的各要素之间是相互协调、相互作用的关系，在某一方面的突出成就会对其他方面产生积极的带动作用。人的全面发展是从质和量两方面来说的，首先，个性的整体是由各要素之间的和谐构成的，和谐就是优质的。其次，个性化教育的全面性还指教育对象的全面性，它面对的是所有学生，所有的生命个体，根据每个人不同的特点进行教育，所以必须面向学生。从后者来说，个性化教育与精英教育不同，不是只面向少数的尖子生，而是强调每个学生都要发展到最高点，这是教育从为少数人服务转向为所有人服务，从精英教育转向全民教育的证明。

5. 个性化教育是渗透性的教育

个性化教育以学生为主体，重视学生的需求，引导学生自主学习、自我认识，通过对学生主动性的激发，启迪他们的创造性，在这种潜移默化的过程中促进学生的全面发展。个性化教育不仅渗透到了学生日常学习的全部过程，还渗透到了教师教学的全部过程，从教学内容和教学方法等方面给予学生影响，使学生在学习过程中通过认识自我、研究自我、总结自我等方式提升自身素质，最终实现全面发展。

第五节　高校体育教学理念创新的注意事项

在目前的教育形势下，体育教学理念也发生了一定的转变。和其他一些学科相比，体育学科实践和理论相结合这一特征是非常明显的。因此，在当前的教育背景下，大学教师在体育教学的实际开展当中，一定要将创新教育理念融入其中，推动教学方法的创新，找到自己的角色和定位，保证教学的实施，促使创新教育得到真正的实现。

一、学校体育思想多元并举的审视

历史的脚步迈进20世纪80年代中后期，基于中国改革开放之势，以及学校体育发展自身的迫切需求，学校体育思想进入了"百花齐放、百家争鸣"的假设论证阶段。学校体育界就学校体育应该"跟着谁走"的问题展开了讨论与争辩。基于以往学校体育思想过于"体育化"视角的认知与建设，学校体育界深刻体会到"小学科建设"初衷的狭隘，将置学校体育于孤立发展的危险状态。因此，在充分尊重学术争鸣的原则下，中国学术界在形式上对于学校体育思想多元开发与建设给予包容与兼顾。学校体育思想在此后历史阶段处于多元探究的状态。多元指向学校体育思想呈现"百花争艳"的态势，在理解上更加全面地解读着学校体育的"应然"把握，为学校体育的发展提供了可以选择的取向。但是，源于"思维偏向固着"的禁锢，形式上的多元诉求隐藏着一元极端的伸张意图，学校体育思想多元并举的局面，实际上却演变成了"流派"的对抗或思想路径的对抗。在这种情况下，学校体育多元的视角诉求并未形成合力，而是在互相消抵着彼此的指导价值。学校体育思想的价值表征见表2–1。

表2-1 学校体育思想的价值表征

含义解读	快乐体育思想	全面教育体育思想	终身体育思想	健康第一思想
旨的	通过体育教学实践，追求运动的快乐，将运动过程中遭遇的困难与克服困难体验到的愉悦情绪相协调，强调学生触摸到参与体育的快感，将学生在体育教学活动中的心理体验作为教学是否成功的重要措施与指标	以增强学生体质为起点，基本知识、基本技术、基本技能教授为手段，思想教育为导向，社会教育为辅助，培养学生德、智、体、美、劳全面发展的素养，全面发展学生身心健康	将培养学生终身体育的习惯与能力作为学校体育建设的主要目标和任务，强调体育和体育活动不只是人生某个阶段的活动，而是伴随人的一生所必需的生活需要和生活内容	强调在增强体质的基础上，发展人的心理品质、社会性品质，促进人的身心和谐发展，为学生"立体健康"服务，在保障生物学功能得以实现的基础上，兼顾学校体育对于学生心理建构和社会适应方面的作用
表意	体验运动快感，激发学生自觉主动地参与体育运动的兴趣，强调教学结果，重视教学过程，注重身体的锻炼，关注心灵的塑造	以马列主义思想为考据，培养学生德、智、体、美、劳的全面发展，育体与育人相结合，进行全人教育	一是指人从生命开始至生命结束过程中学习与参加身体锻炼的总和；二是以体育的体系化、整体化为目标，为人在不同时期、不同生活领域中提供参加体育活动的技术支持	关注学生身体、心理、社会适应以及道德方面的培养，注重"三层次五目标"教育目标的实现
价值视角	情感价值取向	维度价值取向	时间价值取向	人文价值取向

二、学校体育思想耦合路径整构

1. 学校体育思想的兼容并蓄需求

体育学界深切感知到有必要营造学校体育思想部分之和大于整体的景象，纷纷建构各自的学校体育思想架构见解，并出现了两股颇有影响力的导向认识。例如，以终身体育思想作为学校体育主导思想的学者认为，终身体育作为学校体育长效目标的设定与追求，是统领学校体育其他指导思想的最佳选择；以终身体育思想作为学校体育改革与发展的主导思想，这是学校体育观念演变的必然，也是推进学校体育改革和全民健身的现实需要。而以"健康第一"思想作为学校体育主导思想架构思路的学者认为，学校体育教学思想的核心在于建立"健康第一"这一支点，"健康第一"本身所蕴含的特性成就了其统领其他思想地位的确认与确定。学校体育思想构架试图在终身体育与"健康第一"二者的各自统一之下，谋划着自圆其说的理论规划。应该说，构建学校体育思想的初衷是好的，有利于学校体育思想效力发挥的最佳整合。然而，"各美其美，美人之美，美美与共，天下大同"的诉求，如果是在没有坚定的起点设定基础上进行的，始终是过于形而上化。以某一思想作为学校体育主导思想构建的思路并不圆满，就在于这一学校体育思想整体构建意图是在思想版本诠释的基础上进行的，是在学校体育这一实体缺席的前提下对于思想进行的优劣规划，是一种比较思想论。现行的整体论建构在学校体育思想方面的实施是不圆满的，以特定思想文本为起点的问题思考形式，不可避免地侵浸着价值臆判的阴影，不足以澄清学校体育发展的本性之选。

2. 学校体育思想耦合的理论构建与实践路径

理论建构的意义在于实践功效的取获。失去了对这一底线的把握，事物发展的指导意义就会异化。由于学校体育思想多元化的理念推及，学校体育的内在价值被分解在不同的思想版本中，学校体育多条腿走路，这是学校体育发展的历史宿命。然而，为了避免学校体育思想间互相抢占学校体育指挥权的混乱局面，如何最优化地规整学校体育思想导向的整体意义，则需要将诸多学校体育思想拧成一股绳，实现学校体育理论的最优化回报。

学校体育思想走出象牙塔的途径并非是以理论的基调调控学校体育的现实状况，或用框框辖制学校体育的鲜活，实现程序化、平行化的下放，这样不仅挫伤了理论的导向价值，更是对于时空条件限定下学校体育的无视。因此，在思想指导实践的道路上，尤其要在实践中形成思想间要素凝合的动力。学校体育思想作为文本的考量是一种断面审视，是一种视角占有的界定与解说。它们都不是圆满的学校体育建设规划。每一种思想都不足以承担学校体育总体建设的重任，如若秉承兼容并蓄的原则，必须在确保思想发挥效力的基础上进行。

实践是检验真理的唯一标准，在整合了学校体育思想理论构架的基础上，学校体育思想体系的效力释放也是需要进行适时调整的，并非一劳永逸地照搬理论。学校体育思想体系的理论构建，只是在一般性上实现了它效力释放的结构基础，至于在实践中，则应经过限定条件和体育实践的筛选，将学校体育思想体系进行弹性化的响应设置，形成适应现实学校体育开展的有针对性的指导方略。

在审视学校体育思想实践中的融汇起效时，必须诊视学校体育可考参数的实际状态，有的放矢地针对实际状况进行操作。将学校体育思想的"所指""能指"与学校体育实践层面进行对接，是学校体育思想体系实现优化理论导向的有效保障。基于上述思维路径的考究，在学校体育思想整体论构建的过程中，对于学校体育思想体系的考量要切实经受学校体育实施过程的检验，以此形成各种学校体育思想的致力空间。在此基础上，构建学校体育思想整体规划蓝图与实施保障。总而言之，理论与实践的关系是相互促进、互相携助的关系，并不存在谁指挥谁的权利。学校体育思想的建设要确保活性，就必须规避理论与实践的二元论分歧，实现学校体育实体与思想无隔阂的统一。

三、需要注意的具体事项

1. 综合加强体育、卫生、美育、心理健康教育

体育教育是一种以体育为主的全面教育，在体育教学中，应加强体育、卫生、美育等教育的充分结合，加强学生的多元和多方面的体育教育，应该注意以下几点。

①学生参与体育活动，必须注重营养，养成讲卫生的好习惯，高校体育教育教学应将学生的多方面体育教育综合起来施教。

②高校体育教学中，应加强对学生的营养指导，让学生了解有关营养、卫生保健的知识。

③高校体育教学中，应加强对学生的美育教育。美育不仅能陶冶和提高学生的修养，而且有助于开发他们的智力。体育是健与美的有机结合，寓美育于体育之中，提高学生对体育的兴趣，增强学生的体育学习情感体验，提高学生的审美及创造美的能力。

④高校体育教学中，应加强对学生的卫生保健教育，并应紧密结合学生的生长发育与生活实际来开展健康教育，使学生学会自我保护，促进自我健康成长发育。

⑤高校体育教学中,应加强对学生的心理健康教育,把学生青春期教育和心理健康教育作为健康教育的重要内容来抓。

2. 综合培养学生的体育健康意识、行为、能力

健康的意识、知识、方法、技能对每一个参与体育锻炼的人来说都非常重要,开展高校体育教学活动,要真正促进学生的健康,就必须将体育教学活动与学生当前和日后的日常生活与工作密切结合起来,使体育意识演变成体育习惯,并落实成体育行为,在以后的发展过程中,都能通过体育运动参与来更好地促进生活和工作的发展,如此就将体育知识、技能、转化为学生自觉的行动基础。通过体育教学中对学生的体育健康知识、锻炼方法、运动技能等的传授,使学生能自主参与体育锻炼,并对自我体育锻炼效果进行正确评价,进而不断改进与完善体育锻炼。

具体来说在体育教学中,学校和体育教师应做好以下几方面的工作。
①结合学生实际选择体育教材。
②活动适量,不应矫枉过正。
③加强学生体育课外活动指导。
④组织开展多种体育比赛。
⑤展开与体育相关的各学科的教育,如运动学、心理学、营养学、保健学等。
⑥坚持以运动技术为主,注重一专多能。
⑦体育运动项目的开展要和社会体育资源相结合,不断提高学生参与体育的运动能力。

3. 实现"以人为本""健康第一""终身体育"多元教学理念的相互促进

在教育教学的发展过程中,出现了许多先进的体育教学理论和教学思想,这些教学理论和教学思想在不同的历史时期,对教育教学实践具有重要的促进和推动作用,而且在同一时期可能会有几个教学理论和教学思想同时对教育教学实践发挥着影响作用,只是一些教学理论和教学思想起着主导影响作用,另一些则起着次要的影响作用。

体育方面的教学思想有很多,各种不同的体育教学理念既有其优点,也有不足之处,不同的体育教学理念相互影响,不同的体育教学思想可能相互补充,也可能存在冲突的地方,教师在体育教学活动开展中,应注重对具体的体育教学实际进行分析,在坚持"以人为本""健康第一""终身体育"的三个

主要教学理念的指导下，各种教学活动安排都应该充分体现出这三个教学理念中的一个或几个，如此才能切实促进学生的身心健康全面发展。各种不同体育教学理念也可相互借鉴，取进步内容丰富完善自我教育理念内涵，对不足之处予以改正，或者用其他更加与体育教学实践贴近的体育教学理论和思想予以补充，例如，有利于人性发展的观点值得吸取，但应坚决摒弃放任教学内容泛滥的现象；运动技术技能教学思想的落实可有效促进学生对体育运动技能的掌握，但容易过分强调技能水平而忽视学生身心发展规律，对此教师应格外重视。

在当前体育教育教学的发展过程中，"以人为本""健康第一""终身体育"都是先进的体育教学理念，对体育教学实践具有同等重要的指导和发展方面的促进作用。

现代体育教育教学实践中，新的体育教学理念要求体育教学应关注学生发展、充分重视学生的体验，让学生在愉悦的体育教学氛围中能积极主动地参与体育活动、进行体育学习，同时，新的体育教学理念还重视对学生终身锻炼的习惯进行培养，使学生在体育中养成积极健康的生活方式，进而促进学生的全面、长期、持续发展。新的教学理念中的"以人为本""健康第一""终身体育"是相互促进、互为补充的，通过这些体育教学理念对体育教学实践的共同的教学指导，能真正实现体育教育对学生的全面健康发展的促进。

新时期，要实现体育的多元教育功能，促进学生、教师、体育教育的科学发展，就必须综合实现"以人为本""健康第一""终身体育"的相互促进和对体育教学实践的共同启发与指导价值，以不断完善体育教学，通过体育活动最终实现人的可持续发展。

4. 提高高校体育教师队伍的综合素质

在体育教学实践中，体育教师发挥着主导作用，体育教学理念在体育教学实践中的贯彻实施需要体育教师去执行，提高高校体育教师队伍人员的综合素质有利于更好地在体育教学中发挥先进的体育教学理念的作用。

新时期，要促进先进体育教学理念对体育教学实践的指导，提升体育教师素质，应注意做好以下工作。

①一名合格的体育教师应具备良好的体育文化素养，掌握丰富的体育文化知识及理论知识。教师要丰富自我文化素养，不仅要重视对体育学科知识与理论的学习，还要重视对体育相关学科的学习，以不断丰富自我知识结构。

②重视体育教师的综合教学素质、体育素养的提高。通过培训，学术交流、体育文化活动参与等不断促进体育教师熟知信息科学，通过对多方面的科

学发展规律，如生命科学，环境科学、教育科学、传播学等知识学习，掌握不同活动发展的规律，来为体育教学活动开展提供理论指导。

③加强树立终身学习意识，体育教师要落实终身体育，自己要先有足够的体育学习与参与意识，并形成体育健身习惯，教师必须为人师表，做出表率，才能为学生积极参与体育健身锻炼树立一个良好的形象与榜样。

④鼓励体育教师积极参与体育科研，体育教学实践活动的开展离不开具体理论的指导，体育教师提高科研能力，有利于更敏锐地在体育教学中发现问题、分析问题、解决问题，从而促进体育教学的不断完善。

⑤加强对体育教师的教学监控，督促教师不断完善自我、促进自我可持续发展。教师也有惰性缺点，因此，有必要通过客观的教学监督指导来促进体育教师对自我工作的不断改进与完善。

5. 建设良好的高校体育教学条件与环境

先进体育教学理念的实施需要学校全方位的支持，需要学校教学工作者、领导等的支持，为整个高校体育教学创造一个良好的体育教学条件、环境与氛围，提高高校的体育教学软件、硬件、文化等方面的条件与环境创设水平，为高校师生更加主动、积极、顺利地参与高校体育"教"与"学"奠定良好的基础。

第三章
高校体育教学现状分析与发展趋势

> 我国高校体育教育目前在教育观念、课程结构等方面与"人"为本、"健康第一"的指导思想还有一定的差距。因此,对目前高校体育教育的现状和发展中存在的问题进行分析是十分有必要的。同时也要积极探索体育教学的发展趋势,做到两手抓,这样才能在今后的体育教学发展中找准正确的发展道路。

第一节 高校体育教学现状分析

近年来学校体育教育已经成为体育教育领域中重点关注的问题,许多专家学者都将研究的目光锁定到这个领域,而高校体育教育更是成为其中的关键。一时间,许多关于改革高校体育教育的理念和方案被提出来。然而在经过更加深入的论证和实践的尝试后发现,其中许多方案的实施存在问题,不能如期给体育教育带来效益上的明显改变。为此,要想提出最恰当和符合我国教育情况的方案就应该首先从最基本的高校体育教育现状开始分析。

一、我国高校体育教育的现状

现阶段,高校体育教学在高校教育中的地位和以往相比有了较大的提升,在教学软件与硬件、教学思想与制度、教学课程设置与健康检查等方面均取得了一定的成绩与成效,整体来看,我国高校体育教学现状良好。

我国高校体育教学现状如下。

①教学目标:"育人"。

②课程设置:从重视"三基"竞技体育,逐渐向重视学生终身体育意识与能力培养发展。

③教学实施:随着高校体育教学改革不断深化,高校体育教学注重创新,但实际工作中教育创新很难落实,很多教师缺乏创新经验与能力,教学效果并

没有太大的改善。

④教学设施：体育电化教学普及度不高，新教学媒体的体育教学应用还存在诸多问题，生均体育场地、设施使用率低。

⑤师资建设：与其他学科相比，体育教师队伍整体素质还有待进一步完善与提高。

（一）我国的体育教学模式

通过对大量相关文献的研究，目前国内外的教育形式可归纳为以下几种类型。

①传统守旧的体育教育。
②基于学生体育的体育教育。
③基于竞技体育的体育教育。
④快乐体育教育。
⑤基于个性特征的体育教育。
⑥基于传统项目的体育教育。
⑦基于发展能力的体育教育。
⑧注重体能的体育教育。
⑨基于终身教育的俱乐部体育教育。

目前来看，我国绝大多数的高校体育教学的形式仍旧更多采用传统的体育教学模式。这种模式把走、跑、跳、投等基础运动作为主要教学内容，为了确保教学模式的统一性，追求教学程序循环渐进的结果，会侧重于某一层面，而不能照顾到更加全面的需求。

（二）体育教学大纲现状

从表3-1的调查结果可以看出，目前我国普通高校体育教师依据自己学校的实际情况及特点编写体育教学大纲的占37.5%，这说明普通高校体育教学指导纲要的落实并不到位，高校没有完全贯彻教育部的文件精神；结合学生兴趣爱好和高校体育教学纲要进行大纲编写的教师占32.1%；按学生学习兴趣设置大纲的教师占19.6%；还有依据普通高校体育教学指导纲要编写教学大纲的占10.7%。

表3-1　体育教学大纲编写依据调查（$n=56$）

编写依据	频数	比例（%）
高校特点	21	37.5
普通高校体育教学指导纲要	6	10.7
学生学习兴趣	11	19.6
高校体育教学指导纲要与学生学习兴趣	18	32.1

我国有关文件明确指出，各校应根据纲要和学校的实际情况制定教学大纲，自主选择教学内容。学生学习的主要动力来自兴趣，兴趣也是促进体育教学质量提高的重要保证，兴趣是学生发挥自身主动性和创造性的基础，是激发学生潜能的必备因素。因此，在体育教学大纲的编写中，体育教师应注意增加其自主性和选择性，增加教学内容的可选性与灵活性，扩大学生的选择空间，让学生可以充分发挥自己的积极性及能动性，以张扬个性。

此外，在编写教学大纲时，还应确保每个学生都可以从体育课中获益，增强学生体质，使学生在愉快的学习氛围中达到学习的要求，获得身心的发展及良好的情感体验。

总之，高校体育教师在编写教学大纲的过程中应综合考虑多方面因素，如果只考虑自身院校特点，则不利于取得好的教学效果。

（三）体育教材现状

调查发现（表3-2），我国普通高校大都无力自编教材，这与师资科研力量的严重不足有关。在被调查的几所院校中，选择省内外或全国性高校统编教材的高校占66.7%，自编统编相结合的高校占33.3%，这些院校一般是根据本校实际需要，有选择地对某些章节内容进行选取，将其作为本校的授课内容。在高校体育教学中，因为缺乏自编教材，所以无法宣扬、传播自身的教育理念。对此，高校应该加强自编统编教材建设，以自身条件、特点和综合信息为依据，对适合本校专业的教材进行编写。在编写教材的过程中，应努力融入自身的教育理念。

表3-2　高校体育教材编写形式调查（$n=6$）

编写形式	频数	比例（%）
自编教材	0	0
统编教材	4	66.7
自编统编结合	2	33.3

不管是自编教材还是统编教材,都应以国家颁发的文件为指导,树立"健康第一"的指导思想,严格遵循体育课程建设的客观规律,立足于本校实际进行科学编写。通过编写教材,向学生传播有关健康的理念,使学生在潜移默化中树立新的健康观,提高学生的健康需要,激发学生主动参与体育锻炼的动机和情感,培养学生获取体育文化知识的能力,促进学生体育锻炼能力的增强。

(四)体育教学设施现状

场地器材是体育教学的物质环境因素,是保证体育教学正常开展的物质基础,场地器材的数量和质量对体育教学任务的完成有着直接影响。体育教学活动能否顺利开展,直接受场地器材这一教学环境因素自身完整程度的影响与制约。不仅如此,场地器材作为校园环境的组成部分,其外部特征同样会对师生的心情和情绪产生影响。研究证明,如果体育教学物质环境与学生身心发展规律和体育教学规律相符,则能够促进体育教学的发展,同时也能促进学生生理及心理的健康发展。可见,健康的体育物质环境是增强学生身心健康、促进学生全面发展的催化剂。

如图3-1所示,在体育教师方面,认为场地器材能够充分满足体育教学需要的只占25%,健美操、武术等项目不需要太多的场地器材,只要具备宽敞的场地和一套音响就可以满足这些项目的教学需求了;认为学校场地器材基本可以满足教学需要的教师占35.7%;认为现有器材不能满足体育教学需求的教师占39.3%,篮球和排球等项目所需器材较多,学生只有每人一球才能有更多的时间及机会进行练习,这样在课堂上才能获得良好的学习成果。

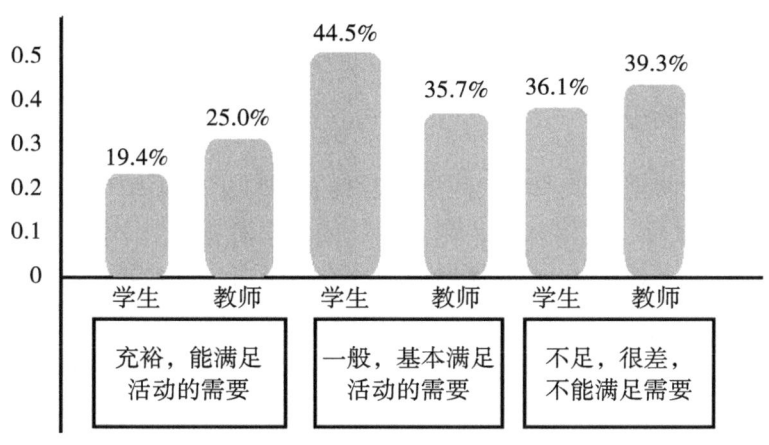

图3-1 体育教学设施情况

在学生方面，认为现有场地器材能够充分满足体育活动需要的学生只占19.4%；认为学校场地器材基本可以满足自己活动需要的学生占44.5%；而认为不能满足自身活动需要的学生占36.1%。经走访发现，有时候学生在体育课堂上的活动需求得不到完全满足，而且在课外活动期间，场地器材也无法满足学生的活动需要。

总的来说，体育教师和学生对学校场地器材的认识基本一样，可见我国高校体育场地设施条件不足，有待改善。

（五）体育师资队伍现状

1. 体育教师年龄结构

从表3-3中可知，我国高校体育教师整体年龄结构比较均匀，26.8%的体育教师年龄在30岁以下，40岁以上的体育教师共占53.5%，其中32.1%的教师年龄在50岁以上，可见体育教师的年龄整体有些偏老龄化。随着老教师的相继退休和高校的不断扩招，学生的不断增加和体育教师尤其是优秀体育教师较缺乏的矛盾更加突出，这势必会影响到体育教学的质量。

表3-3 体育教师年龄结构调查（$n=56$）

年龄（岁）	频数	比例（%）
<30	15	26.8
31~40	11	19.6
41~50	12	21.4
>50	18	32.1

2. 体育教师学历

从表3-4的调查结果来看，我国高校体育教师的学历结构与之前相比有了很大的改善与优化。具体来看，硕士学历的体育教师达19.6%，本科学历的体育教师达64.3%，只有16.1%的体育教师是专科学历。虽然我国高校体育教师的学历结构有了提升，但是研究生学历的体育教师比例还是偏少，拥有博士学位的体育教师几乎没有，这样的学历层次结构不容乐观，不利于我国体育教学的发展。

表3-4 体育教师学历调查（n=56）

学历	频数	比例（%）
中专	0	0
专科	9	16.1
本科	36	64.3
硕士	11	19.6

针对我国体育教师学历层次较低的问题，各高校应加强体育教师学历教育工作，引进高层次人才，以适应社会和学校发展的需要，积极采取有效对策来促进体育教师学历的提高，丰富体育教师的知识储备，提高体育教师的运动技能，使体育教师更好地教育学生、指导学生，更好地发挥自己的主导作用，实现自我价值，为提高体育教学水平贡献自己的力量。

3. 体育教师职称

从表3-5可知，我国高校体育教师的职称结构基本上比较乐观，有7.1%的体育教师是教授职称，37.5%的体育教师是副教授职称，讲师比例和助教比例分别为39.3%和16.1%，占比较多的是副教授和讲师，偏少的是教授和助教。

表3-5 体育教师职称调查（n=56）

职称	频数	比例（%）
助教	9	16.1
讲师	22	39.3
副教授	21	37.5
教授	4	7.1

职称是体育教师教学能力、教学经验和学术能力的重要评价指标。教师的职称结构是衡量教师队伍整体素质的标准之一，体育教师群体教学能力和科研水平能力一般可以从职称结构中反映出来。教育部下发的《关于新时期加强高等学校教师队伍建设的意见》中提到了高等学校教师队伍建设的具体目标——优化职称结构，教授、副教授岗位占专任教师编制总数的比例为20%～25%。从调查统计结果来看，体育教师职称结构已达到相关要求。

4. 体育教师培训

从表3-6可知，有37.5%的体育教师一年外出培训1次，32.1%的体育教师一年都没有一次培训机会，一年培训2次和3次的体育教师分别占12.5%、10.7%，一年培训次数超过3次的仅占7.1%。由此可以看出，体育教师的培训工作还未引起学校的重视，学校在这方面投入得较少。由于学校为体育教师创造和提供的进修机会少，所以影响了体育教师教学水平和科研能力的提高。由于长时间不能接受新的培训，体育教师知识储备少，知识结构老化，无法及时更新自己的知识库，各方面素质都有所下滑，这必然会对体育教学的效果造成不良影响。

表3-6　体育教师外出培训机会调查（$n=56$）

培训次数（次/年）	频数	比例（%）
>3	4	7.1
3	6	10.7
2	7	12.5
1	21	37.5
0	18	32.1

在职培训、进修是体育教师职前教育的延伸，是提高体育教师专业素养的有效手段，也是体育教师不断完善自我和落实终身学习理念的重要途径。要提高体育师资队伍的整体素质与体育教学质量，继续教育是关键。因此，高校体育教师要积极参与在职教育培训，促进自身知识结构的优化与完善，不断补充及学习新知识、新技能，促进自身教学水平和科研水平的提高，从而更进一步达到社会发展以及体育教学改革的要求。教育部下发的《关于新时期加强高等学校教师队伍建设的意见》中指出，"强化教师培训，提高教师队伍素质……完善具有中国特色的高校教师继续教育制度"。《学校体育工作条例》中也指出"各级教育行政部门和学校应当有计划地安排体育教师进修培训"。因此，为体育教师提供必要的培训机会是提高体育教师教学能力和科研技能的有效路径。

（六）体育教学内容现状

1. 学校开设的体育项目

调查发现，篮球、乒乓球、羽毛球、舞蹈、足球等是当前高校开设的主要体育项目。而乒乓球,羽毛球、篮球以及其他项目是学生经常会参加的体育活动。由此可以看出,虽然高校开设的体育项目是比较大众化的,但依然无法使学生的兴趣爱好以及活动需求得到满足。

2. 学生喜欢的体育项目

从表3-7的调查结果来看,喜欢羽毛球、乒乓球项目的学生达32%,占比最大;其次是篮、排、足三大球,选择的学生达31.1%;趣味性的体育游戏排第三位,占30.2%;29.8%的学生选择了与职业相关的体育项目;选择教学比赛、热门项目、竞赛项目的学生分别占28.1%、27.0%和25.6%,排在了最后三位。

表3-7 学生喜欢的体育项目调查(n=562)

学生喜欢的体育项目	频数	百分比(%)	排序
羽毛球、乒乓球	180	32.0	1
篮、排、足	175	31.1	2
趣味性强的体育游戏	170	30.2	3
与职业相关的体育项目	168	29.8	4
技巧性强的项目	166	29.5	5
田径项目	160	28.5	6
体能练习	158	28.3	7
教学比赛	156	28.1	8
热门运动项目(攀岩、保龄球等)	152	27.0	9
竞赛项目	144	25.6	10

总体来说,因为学生的个体差异比较明显,所以体育教师安排教学内容有一定的难度,需要达到更高要求。因此,体育教师要慎重选择体育教学内容,尽可能考虑不同学生的需求并加以满足。

3. 体育课内容的职业针对性

调查发现(表3-8),认为体育课内容对自己的专业没有影响的学生占45.2%;没有意识到体育课能给自己以后带来什么影响或者对此还不清楚的学生占32.0%;能够在体育学习中有所收获,并认为体育课内容对自己的专业有影响的学生只占22.8%。

表3-8 体育课内容是否有职业针对性的调查（n=562）

职业针对性	频数	百分比（%）
有	128	22.8
没有	254	45.2
不知道	180	32.0

导致这一问题的原因主要有以下两点。

①高校选择并安排的体育教学内容有问题。

②在体育教学过程中，体育教师没有引导或者启发学生理解体育课的真正含义。

（七）体育教学方法现状

目前，高校体育教师普遍采用传统的教学方法进行教学，讲授法、示范法、练习法等传统教学方法比较单一、枯燥且没有创新，不管是什么运动项目的教学几乎都采用同一种手段，这样的教学方法限制了学生在体育教学中主体性作用的发挥。其结果是体育课变成了教师的"独角戏"，而学生只是配合教师的表演。事实上，很多学生对体育活动都是比较感兴趣的，但如果体育教师在教学方法方面处理不当，就会影响到学生对体育的兴趣，长时间采用单一的教学方法只会慢慢磨灭学生的学习兴趣。失去兴趣的学生在体育课上往往无法集中注意力，无精打采，不积极、不主动，甚至迟到、旷课、扰乱课堂纪律。所以，体育教师要加强对传统教学方法的改革，立足于学生的需要来选择教学方法，让学生成为体育课的主角，避免学生在学习上一味模仿、被动练习，教师在适时讲解和示范后要给学生留出一定的创造空间，对每个学生的潜能和特长进行充分挖掘，通过引导、激励的方式，使学生充分参与体育活动，将学生培养成为有创造性的体育人才。

（八）体育教学评价现状

从调查结果来看，体育教师在体育教学评价中，对学生理论知识和学习进步的程度没有给予高度重视，所以在最后的成绩考核中也没有纳入理论学习以及学习过程评价，这会对学生上课的积极性和学习的主观能动性造成影响及制约。以考试成绩、出勤为标准来对学生体育学习结果进行评价的考核方法实质上是"重结果轻过程"的,在这种考核中,学生的学习态度、学习能力以及身体素质的差异性被忽视了。自身素质好的学生即使不锻炼也可以拿高分,而身体条件比较差的学生即使很努力了可能成绩也会不理想,所以这种不注重过程的考核方法会使努力的学生失去动力和信心,对学生体育学习的积极性造成严重影响,对学生终身体育锻炼意识的形成造成阻碍与制约,因此不利于提高体育教学效果。

二、我国高校体育现状的思考

(一) 我国学校体育发展时间较短

我国学校体育发展较发达国家而言起步较晚,中国体育史学会编写的《中国近代体育史》中写到,20世纪初,留日学生猛增,到1907年达到了一万五千多人,其中学习体育专业的也有近百人,这些留学生回国后,大多从事体育活动,也有一些办了体育学校培养体育师资。而这几十人,也就是我国近现代学校体育直接或间接开办的第一批人。与之相对应地,西方完整而系统的体育教育体系肇始于1774年建立的德国博爱学校。在博爱学校体育体系的影响下,欧洲各国开始逐渐创立自己的学校体育体系。

(二) 我国体育发展历史曲折

北洋政府时期,虽然时任政府颁布了《推广体育计划案》《改进学校体育案》等体育发展类型方案,却由于种种原因导致方案并未实际落实下去,这也是我国近代学校体育政策体系形成的第一次尝试。

国民政府时期,于1929年正式颁布了《学校体育法》,该法案规定所有高等院校必须开设体育课程为必修课,否则不允许毕业,这是第一次以立法形式将学校体育政策落实到各高等院校。1941年,国民政府颁布了《修正国民体育法》,该法不仅规定学生一律接受体育训练,而且还确立了教育部主管全国体育事务和体育课程科目及教材纲要由教育部定的法律条例。直到这时,才算建立了体育教育体系。

新中国成立后,随着《中国人民政治协商会议共同纲领》的颁布,形成社会主义学校体育建设方向。1951年,毛泽东主席提出了"健康第一,学习第二"的口号，极大地推动了我国学校体育的建设，也带动了我国群众体育和竞技体育的发展。1952年教育部设立体育处，国家体育运动委员会设立群体司学校体育处，同年颁布了《学校体育工作暂定规定》，规定了大学二年级前各校需开展每周两学时的体育必修课。随后三年的时间内全国六大体育高等院校的形成，也代表了新中国成立以来对各级学校体育的重视。

在1966年到1976年的十年里，我国体育教育事业的建设与发展规划受到了极大的影响。尤其是从1966年我国的学校体育工作几乎完全停滞，全国各大高校和中小院校均成立了名称不一的自发组织开始全国大串联，我国教育工作受到了严重阻碍。其中，一些留学归来的优秀体育教师遭到了严厉打击，也间接导致1971后我国逐步恢复学校教育体系时遇到学生准备好了却没有老师的尴尬情形。

（三）我国高校体育学科师资学历两极分化

我国体育教育事业发展速度较慢，直到改革开放以后才开始重视体育人才培养，高学历体育人才数量极少。但随着我国高等院校的增加，体育教师的缺口越来越大，两极分化的情况也愈加严重。优秀的体育人才为了更多的资金和更好的工作环境只能选择那些综合实力强的院校。而一些办学时间短，综合实力较弱的高等院校只能引进一些资质较差的体育教师，通常无法高质量地完成正常体育教学以及体育科研发展需求，严重影响了我国学校体育事业的均衡发展，导致我国形成了"头重脚轻"的畸形局面。

（四）我国学校体育思想的"一波三折"

体育与政治经济文化等因素息息相关，而新中国成立后由于世界局势、政治制度等因素变迁，也导致我国学校体育制度的"一波三折"。新中国成立初期，我国全面学习苏联的社会主义建设经验，在学校体育建设上展现为摒弃了西方的自然体育理论思想，学习了苏联的社会主义学校体育思想；三大改造后，我国进入社会主义初级阶段，毛泽东指出，我国的教育方针中应当强调德智体的全面发展，不应偏废。他认为，所谓"文明其精神，野蛮其体魄"，指的就是将体育教育事业放在教育的核心地位，与智力能力教育、德性教育相配合。改革开放后，我国正式颁行《学校体育工作条例》，提出应与世界接轨，促进学生的个性发展，并发展学生终身体育的指导思想。而每个阶段的体育发展思想都影响了一代人，对我国学校体育发展产生着深远影响。

第二节 高校体育教学发展存在的问题剖析

我国高校体育教学发展至今，取得了辉煌的成绩，但不可否认依旧有着诸多不足，其具体内容有思想认识上的、教学实践上的、教学管理上的、资源上的等等，我们要切实地剖析问题，才能找到解决问题的办法，才能有针对性地改变现在体育教学中的不良局面。

一、教学思想方面

（一）对学生的主体性认识不足

体育教学过程中，学生的主体性主要体现在以下两方面：首先为学生对于体育教育具体要求和实际需要对于教学的主导性。其次为学生在教学中的独立性和主动性。我们提倡用以学生为中心的素质教育取代以考试为中心的应试教育。实际上，因为高校内存在对学生主体地位认识不足的问题，这种思想并没有在高校的教学理论和运动中得到体现。

从理论教学看，主流的教学仍然沿袭传统观念和认识。这些传统的教学方法，在理念认识、理论实践、结构内容等方面缺乏创新和突破。采用"填鸭式""满堂灌"的讲授方法，留给学生的依然是被动地接受和狭小的思维空间；教学内容不注重体育教学本质、学生需求和终身体育的要求。

从运动学看，一些学校采用了多种教学形式和教学手段，如俱乐部教学、选项教学、小集团教学和体能分班教学等，以期修复传统体育教学的裂痕。不过，这种做法无异于小修小补，换汤不换药，没有从根本上解决传统体育教学的僵化，远离本质、价值和内容，远离教育实际需求，远离教学改革要求的弊端，从而流于形式，难以将"以学生为主体"的精神落实到教学中去，更好地体现学生主体性。我们认为，体育理论教学的目标就是要培养具备体育科学素养和文化素养的高素质人才，既注重体育教材的系统建设又注重教学方法的灵活性及教学形式的多样性，以及学生参与教学的积极主动性，以终身体育、健康体育的理论知识和方法为重。在教学中，体现以学后体育行为所应具备的体育综合能力为重点，以为健康而终身体育的思想、行为和方法教育为目标；以认识社会体育现状、学后体育需要和健康体育要求为基础，将以学生为主体的兴趣教学同自主体育能力的培育有机地结合起来。

（二）对于体育教学的本质仍未明确

运动教学是通过选择运用相关的教学方法和手段加以实施的。但教学中选用的项目是目的还是为目的而采用的手段，哪个为主体的回答关系体育教学的实质和定位问题。就运动而言，它只是为实现目标而运用的手段，同体育的本质有明显的区别。具体到高校体育教学，运动教学是主要形式、有效的方法、具体的手段，但并不等于体育教学，体育教学的内涵包括体育的功能、作用、文化内涵等。然而高校体育在很长时间内，崇尚运动、强调竞技、强调技能、注重成绩、追求体能；在教学实践中，注重围绕身体素质与运动能力去展开。

新时期高校体育教学的目标与要求，决定了运动教学项目本身只是手段，是为具体教学内容服务的有效教学方法。因此，教学应以完善学生体质为本去实现和应用体育目标。可见，将教学体育中的运动教学项目视为教学目的还是手段，实际上是对高校体育教学的主体目标、主导任务等不同认识的结果。

（三）体育教学思想观念落后

长期以来，受多种因素影响，我国体育教学总是为政治、经济等的发展服务，很少真正能将体育教学落实到关注学生的身心健康发展上去。

改革开放以后，我国社会各界以更加开放和包容的心态面对国外的社会政治、经济、科学技术与文化发展，在学校体育教学方面，对国外先进的体育教学理念、教学思想、教学方法等进行分析与思考，并大胆引进，不再一味地否定和排斥，同时，引入西方先进体育教学思想的同时，充分结合我国学校体育发展实际条件和需求，进行本土化发展思考，积极探索属于我国的学校体育发展道路，但受教学传统影响，很多教学问题，如重竞技轻普及、重课内轻课外、重尖子轻全体等问题依然存在。体育教学思想还停留在"教学"层面，没有深入对"人的研究"上。

现阶段，我国高校体育教学思想的完全转变还需要一段时间，具体原因有以下几点。

①传统教学思想在教学中的弊端仍然存在，"以教师为中心"、忽视学生

主体地位的教学思想与现象始终存在，学生绝大多数时候处于被动学习状态。

②新的体育教学思想观念的理解与实施具有一定的不足。具体来说，它受多种因素的影响，新的体育思想观念（素质教育、终身体育教育）在落实的过程中很难贯彻到教学实践中去，新的教学思想的改变应用到教学实践不仅需要克服各种外在制约因素，还需要学校相关领导、教师、学生都有一个慢慢适应的过程，不能急于求成。

新时期，随着对高校体育教育教学发展的重视，在时代发展的推动下和新的体育教学改革与发展需要的推动下，我国高校体育教学发生了很大变化，新的教学理念与教学思想在教学实践中不断得到重视与应用，在新的社会发展需求和对人的健康发展的重视基础上，体育教学为培养符合社会需要的全面发展的高素质人才服务，通过对西方成功教学经验的借鉴，不断完善我国学校体育教学体系，对体育教学进行内容及制度的调整，和以往相比学生的体育学习与参与兴趣得到了很大的提高，但不可否认，我国高校体育教学思想正迎来一个重新审视与思考的契机，以先进的教学理念促进高校体育改革的发展必然会经过不断积累之后迎来一个质的转变。

二、教学实践方面

（一）体育教学理论研究滞后

世界范围内，与其他国家相比，我国体育理论研究少，与体育教学实践相比具有滞后性。

现阶段，我国高校体育教学的理论研究还存在的一个问题，即教学理论研究不够深入，其原因在于我国体育教学研究的学者本身数量少，加上我国现代体育教学研究所开展的时间并不长，体育教学实践发展不够深入，很难在高校体育教学研究中提出具有建设意义的理论与观点。

（二）体育教学目标不明确

从全国范围来看，尽管对高校体育教学目标的讨论已经否定了传统"三基"教学目标，但是实际的学校体育教学中过于重视"三基"创收的教学情况仍然存在，表现如下。

①在高校体育教学中，"教师以完成教学为任务、学生以修够学分为目的"，造成高校体育教与学的形态和教学体系低效。这大大降低了教学的要求、标准、质量。

②过分重视学生运动技能掌握，忽视运动心理、运动个性、运动品质等的发展。

③高校体育教学面向全体学生大多千篇一律，缺乏对不同专业的体育需求的考虑。

（三）体育教学计划不规范

正如前面所提到的，传统体育教学在教学中的地位、在教学固有观念、课程设置等方面的影响已经根深蒂固了，要推动体育教学模式变革是一件十分困难的事情，需要不断投入精力、人力、财力去一一推进各项改革工作，传统高校体育教学中，体育学科的定位大都为公共基础课，受专业型院校的影响，体育教学不受重视，而且容易受其他学科课程设置和行政部门的干扰。高校体育教学指导文件由指定的专人编写，受专业知识、素养等因素影响，计划的合理性和科学性会受到影响。

（四）体育教学课程设置不科学

从当前我国高校的体育设置情况来看，调查发现，在高校体育课程的开课形式，教学时数、教学理论课、教学内容、课时设置、教学教材等方面都不尽完善，目前我国的绝大多数高校都开设了体育教学课程，体育课主要是作为大学校园选修课程而存在，学校有关课程规定学生必须修够学分才能顺利完成毕业，体育课选修主要是在大一大二阶段完成。大学体育按照传统体育项目设置课程，学生被动选课、上课，导致很多大学生喜欢体育但不喜欢体育课。当前高校体育教学已经非常普及，高校大学生都能充分认识到体育教学课程开设的重要性，尽管学校的体育课程设置存在不足，但大多学生都能配合学校课程设置制度和标准完成体育课的选修任务。

就课程内容来说，高校体育课程内容非常丰富，几乎涵盖了目前常见的各种体育运动项目，也引入了不少创新性课程，但是，在一些热门的新体育运动项目课程内容方面，大学生的选修课程和参与课程的兴趣较高，由于教师专业技术水平和专业体育设施不足等问题，导致很多选修了课程的大学生的学习体验不好，久而久之，此类体育课程选修人数减少导致无法正常开课，经常处于暂缓开通状态。

体育课时设置方面，我国很多高校的体育课时较少，远没有达到国家的要求，目前多数高校的体育课时每学年大致是64~72课时，很多高校的体育课只开设一年或两年，体育教学时数不足的现象成为影响高校体育教学质量提高的重要因素之一。

课程授课方式上，目前在高校中大学生的专业课较多，校园生活十分丰富，体育课程方面大学生的参与目的主要还是为了完成学分，由于体育课程在高校教学中相对不受重视，师资力量淡薄，很多班级在上体育课时都是合并班上课，一两个体育教师带领几十个学生在有限的教学空间（主要是室外水泥空地）上课，学生的学习极易浮于表面，教师对大学生的教学也仅限于有限的运动技术和动作的传授与讲解，教学不够深入，更没有引导学生透过体育学习深刻理解体育教育的核心精神，没有真正地实现对高校大学生的体育素质的提升和体育能力的培养。调查显示，大学生大都能适应体育教学课运动强度，这与高校大学生在课余时间也经常参与一些体育运动锻炼，有一定的运动经验有关。在更进一步的体育运动项目知识掌握、技能提高方面，目前的体育教学还不能充分满足大学生的体育发展需求。

在体育教学教材选用方面，我国高校体育教材多为统一编写的教材，一些地方学校的教学特色、学生情况没有充分考虑到体育教学的特殊性，细化规范和要求使教学缺乏机动性，教材更新换代慢，当前大学生喜欢的热门体育运动缺乏可用教材。

（五）内容安排有缺陷

现行的高校体育教学长期沿袭传统内容。在理论教学上，虽然自20世纪80年代中期起，教育部（原国家教育委员会）就要求实施在高校进行青春期卫生知识讲授计划，且一些高校已经加强关于养生、保健、卫生、锻炼等知识的讲授，但是仍长期缺乏对中西方体育进行文化、历史、时代的比较以及缺乏对生物体育、人文体育等的深入分析，因而极易造成学生被动接受，不仅不利于学生对体育的认识和了解，而且影响了学生的正确认识，进而影响了学生为接受体育、获益体育而对教学内容加以思考领会的主动性，不利于教学一体、教学互动、教学相长的境界实现。虽然部分高校体育融入了有特色的教学内容，但是受传统的各种观念的影响，以及对运动知识理念缺乏剖析，使学生对知识的领会难以达到应有的深度,以致学生只知运动之术不知运动之道,导致"知其然不知其所以然"的"盲动",结果势必不利于学生体育能力的培养。

(六)体育教学模式有待丰富

在要求体育教学改革不断深入的高校教育教学大背景下,虽然传统的体育教学模式一时难以完全革新和转变,但是我国体育教学模式改革也做了一些尝试,并取得了不错的改革表现。

一方面,在授课方式上,教师仍然以技能教学为主,重技术而轻理论,"填鸭式"的教学模式在很多学校仍然大量存在,缺乏教学模式创新。就我国体育教学现状来看,我国体育教师在开展体育教学时,传统的课堂集体授课的方式仍占据主要地位,只不过授课的场所是在户外操场和空地,体育教学过程组织并没有实质性的变化,无法提起学生的兴趣。

另一方面,新的教学模式得到了教学尝试,学生的体育生活更加丰富。当前,高校体育课程教学模式的形式更加综合化,课程教学模式向课内课外一体化发展。由于课内课外的学习时间限制,课内时间主要学习新知识,改进错误,学生课堂练习时间少,又缺乏课外自主练习。基于此,学校和教师也非常重视大学生课外体育活动的开展和课外教学模式的创新,提倡构建丰富多彩的校园体育文化氛围,积极开展各种体育文化活动,教师也开始更多地尝试学生课外的俱乐部体育活动教学指导、线上线下的师生体育活动互动等。

(七)教学考评不合理

教学考评作为保证教学双方实际投入的管理措施,以及教学效果客观检验的具体方法、手段、标准,是十分现实和必要的。体育教学是一门非常严谨的学科,因此,对于该学科的教学成果也是必须进行考评的。然而,许多人对于体育教学的考评工作看法不一,给予的重视程度也各不相同。实际上,如果对体育教学的考评工作的实质认识不清,则可能会给体育教学的总体发展带来阻碍。

一些高校现行实施的体育教学包括体育理论的考评以及对体育实践的考评两种形式。对理论的考评主要考查学生对体育的基础性知识了解及掌握情况;对运动的考评则主要考查运动技术的掌握状况和运动成绩。这种直观的教学考评,其根源是对考评的认识不足,在现代体育教学的观点看来,这种考评的方式过于简陋和片面。这里就要明确一下教学考评的意义了。

教学考评从表面上看是对教学效果的客观检验，但它的作用绝不仅仅在于此，它更深层次的意义在于引导和促进教学的完善，使教学更好地服务于教育目标。具体到新时期高校体育的教学考评，则是为了更好地促进和保证教学服务于为健康而终身体育的思想、方法、行为能力教育的需要。因而体育教学考评，应在正视体育文化的价值、不同学生身体和运动基础的差异、终身体育行为所需要的体育素养和自主能力的基础上，将体育理论考评的重心转向对体育的思想、认识和体育科学基础与文化素养的考评；将运动考评的重心转向对教学项目的技术原理、运动价值、运动效果的认识程度和体育综合能力的考评等。只有这样，教学考评才能充分发挥其在高校体育教学中的指导作用，使学生真正地理解体育，以及体育对生命的意义与价值，并促进新时期高校体育教学目标与要求的实现。

三、教学管理方面不健全

体育教学是实践性非常强的教学活动，教学过程中存在着与其他教学学科更多的不安全因素，在教学安全管理方面，目前我国大多数高校的教学安全管理机制还不健全。此外，在教学日常工作管理、教学资源管理等方面的相关规章制度也不十分健全。

从目前的情况来看，大部分高校体育管理理念与教学改革并没有真正实现同步发展，无法跟上时代发展的需求，造成的体育组织建设与管理不足，严重影响了体育教学工作的顺利进展。作为高校教育教学工作的重要管理层，管理者的价值观念认识的欠缺，也使教学发展受到制约。

体育教学管理工作是影响高校体育教学发展的一个非常重要的因素和工作环节。高校体育教学活动的顺利、有序、高效开展，需要得到学校体育教育管理者的重视、支持。如果学校体育教学管理者不重视体育教学，则教师教学活动开展缺乏支持，教师的教学工作积极性将会下降；学生的体育学习缺乏必要的条件支持也会在开展次数与质量上大打折扣，很难取得良好的教学效果。

四、体育教学资源配置落后

体育教育教学开展需要物力资源、财力资源和人力资源的支持，和其他学科教学相比，我国体育教学资源配置落后，影响教学实践开展。

体育教学物力资源方面，整体来看我国体育教学场地、设施、器材较为匮乏，人均占有率低，不能满足大学生的课余体育健身需求，有很多学校的体育场馆只在上课时使用，课后和节假日不对学生开放，学生的体育健身缺乏专业的运动场地，又没有足够的钱和时间在校外体育健身场所进行投资，因此，很多大学生的体育健身需求不能得到很好的满足。

体育教学财力资源方面，目前，我国对高校体育教育经费的投入有限，受资源紧缺的影响，我国有限的体育教学资金都被各个学科的教学研究所用，用于体育场地建设、体育教学研究方面的资金少之又少，学校体育教学项目多，但场地有限，多个运动项目共用场地的现象十分普遍。很多学校没有充足的资金去购置体育器材、建设专业教学场地，相关体育设备比较落后和陈旧，且设备供给量无法匹配学生的需求量。此外，由于缺乏科学合理的管理制度，造成许多体育设备使用率低，教学物力资源不足和教学物力资源浪费导致教学质量不尽如人意。

体育教学人力资源方面，体育教师是高校体育教学的引导者，对学生体育学习有着重要影响。只有优秀的体育教师，才能较好地开展高校教育工作，推动高校体育课程改革。目前，我国的高校师资队伍建设方面，无论是在"量"上还是在"质"上，都存在一定的不足，尤其以"质"的不足更为严重。随着我国体育人才培养的日益争夺，我国高校体育教师数量得到了一定的补充，但是在高校师资学历结构方面，我国高学历（研究生、博士）教师比例偏低；在教师综合素质方面，高校体育教师中兼具丰富教学经验、较高教学能力和高超运动技术的教师人数较少。

五、体育教学体质检测不完善

当前，在我国许多高校中体育教学工作者（包括一线教师），在讲授完课堂教学知识、技能之后就结束了教学工作，实际上，体育教学工作者的"育人"工作并没有结束，体育教学工作者还应关注学生是否真正掌握体育知识、技能及提高体育素养，是否养成科学参与体育健康锻炼的习惯，学生的体质健康水平是否提高等，这些问题都是需要高校体育教学工作者在"课堂体育教学"之后持续关注的"教育教学工作内容"，而在这一方面，我国许多高校教师都做得不够好。

针对学生的体质健康检测是整个高校体育教育教学工作的一个重要组成部分，全国范围内，很多高校的学生体质健康检测工作开展得不够完善，下面重点对山西地区（以山西师范大学为主，调查涉及山西四所高校的大学生群体）的高校体质健康检测工作的开展情况进行了调查，具体分析如下。

通过跟踪调查发现，高校大学生在大学期间都比较重视自我体育健康发展，除了能（主动或被动）参与正常体育课学习外，绝大多数学生有在课外参与体育锻炼的经验，因此，大学生的整个大学时期的体质健康保持在一个健康的水平（不排除大学生的年龄因素对健康的影响，青年大学生处于人生黄金时期），并表现出持续向上的健康状态。

在我国高校，只要是大学在校生，除非有特殊情况，都应该定期参加学校组织的体质测试。我国山西省的高校大学生群体对体质健康测试的目的都能基本理解，但具体到各个体质健康检测标准的指标认知程度方面，还需要进一步学习提高，有约20%的大学生的体质健康测试标准认知较低（图3-2），这个比例显然是有点高。说明高校体育教学中大学生体质健康检测标准方面的指数讲解和传授还不够全面和深入。

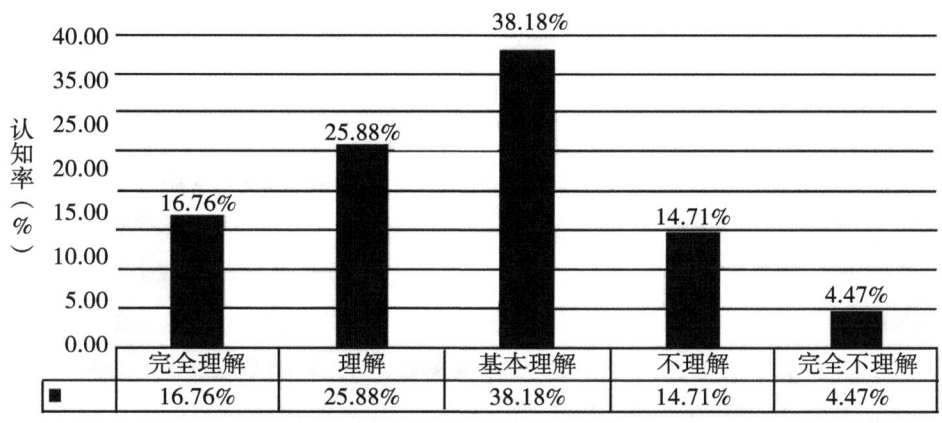

图3-2 山西省高校大学生对体质健康测试的理解程度

针对大学生的体育健康教育满意度调查发现，大多数高校大学生对当前的体育健康教育是比较满意的，这与大学生的健康监测知识认知程度不高有关，他们没有加深体育健康监测方面认知的需求。在对大学生通过体育锻炼来增进体质健康的需求的调查中，分析发现大学生更加关注参与体育健康锻炼的场地问题，教师体育健康指导次之，由于大学生课余时间较多，有充足的时间参与课外体育健康锻炼，因此对增加体育课时的需求不高。有部分学生还能在寒暑假坚持参加体育锻炼，但在寒暑假参与体育锻炼没有在校期间参与体育锻炼的次数多，说明高校的良好体育文化环境对大学生体育锻炼具有重要影响作用。

第三节　高校体育教学的发展趋势

结合我国高校体育教学现阶段存在的一些问题，我国高校体育教学还需要进一步深化改革与发展完善，未来一段时期内，我国高校体育教学的发展走向和工作重点主要集中在以下几个方面。

一、转变观念，提升思想认知

体育是我国各级教育的重要学科，体育教育对于学生的身心健康发展和社会适应能力的提高具有非常重要的促进作用，新时期要促进高校体育教学的发展，就必须迎合时代特点，紧扣新课改的要求和素质教育的精神，提升对体育学科的思想认识，以思想为指导实现教改的全面推进。

（一）转变应试思维

新时期的体育教学活动应在新的价值观念指导下开展，高校应加强思想认识，转变以往的应试思维，给予体育教改高度重视，带动所有教师参与到教改中。具体来说，在高校体育教学实践中，应最大化地发挥体育教育教学价值。

高校相关领导和体育教师应树立新型体育教育价值观念，鉴于教师对教学活动、学生的重要影响，教师的价值观念也必然会潜移默化地影响到学生，学生的正确体育价值观的树立是以此为基础的。在高校体育教学中，应真正做到体育教育促进学生的体质、心理、社会性健康发展。

（二）探索新型体育教学模式

在高校体育教学中，应在充分分析学生体育学习与发展需求，充分结合体育教学实际情况的基础上，积极探索选修课与必修课相结合的教育模式，在夯实学生体质基础的同时，给学生自由选择体育项目的空间。

在体育教学实践中，应注意优化教学组织形式，合理选用班级、小组和个人的不同教学组织形式，同时，兼顾不同形式教学班的共性教学和课内、外的个性化体育运动指导，以满足学生的个体需要。促进学生参与体育健康，并能坚持持续参与，在体育教学中切实落实"健康第一""终身体育"的教学思想。

二、以人为本，关注教学参与者

（一）重视学生的教学参与

现代体育教学应坚持"以人为本"，在体育教学中充分重视和强调学生在体育教学活动中的主体地位，结合学生的特点、情况和体育需求来设计、组织教学活动。

首先，高校体育教学中，教师应避免"填鸭式"教学，要具有教学创新意识，在充分了解和分析学生情况、教学目标之后，有针对性地进行教学模式、教学方法、教学组织形式等的创新，以充分调动学生的体育学习与参与积极性。

其次，高校体育教学活动的开展过程中，教师应注重人性化教学环境的创设，尊重学生，在教学过程中加强与学生的交流沟通，倡导师生平等互动。

（二）促进教师的可持续发展

教师在教学活动中是重要的一方参与者，良好的体育教学活动开展效果的获得，教师在其中一定发挥了非常重要的作用。因此，体育教学要想获得良好的发展，必须重视体育教师的良好发展，才能通过教师来影响整个体育教学过程、体育教学结果，并不断完善学校体育教学。

三、优化教学，落实素质教育

（一）调整课程目标

在现代科学体育教育教学思想观念的影响下，高校体育教学改革应坚持人本教育、人文教育，注重高校体育教学中的"学习领域目标""课程目标"的科学、合理设置。

新时期，高校体育教学应注重改变传统体育教学中的"三基"教育教学，调整课程教学目标，这是当前包括高校在内的体育教学发展与创新的重要途径。具体来说，应重视学生个性发展，促进学生健康、全面、自由发展。

（二）重视学生体育素养培养

高校体育教学要真正落实素质教育，必须重视高校大学生体育素养的培养。

具体来说，体育教学应促使学生的体育文化素养得到本质提升，使学生在实现身体素质与体质水平发展的基础上，促进心理健康的发展和社会适应性的健康发展。

此外，高校体育教育教学工作的开展不应局限于课堂内，还要重视在课堂外通过各项体育教学活动的组织和实施（各种各样的体育文化活动举办），促使学生身心的全面发展，从本质上提高学生的体育人文素养，只有这样才能从根本上使大学生自我主动参与体育活动，学习体育知识、技能，提高体育锻炼意识，落实终身体育行动。

四、完善资源，完善体育教学环境

（一）加强师资培养

正如前文所述，体育教师对于体育教学活动是否能正常开展、能否获得良好的体育教学效果有着重要的影响，甚至对整个体育教学的发展都具有重要的影响。因此，加强体育教师的师资培养，对整个学校体育教学来说是必要和重要的。

现阶段，在素质教育背景下，随着我国体育教学改革的不断加深，要培养优秀的学生，首先必须要有优秀的教师，这也是进行教师队伍建设、加强师资培养的必要性所在。学生成才会受到多种因素的影响，好的教师不一定能培养出优秀的学生，但是如果教师师资水平不高，则一定不能培养出优秀学生，甚至可能误人子弟。

加强师资培养，从选聘教师到教师在岗培训、教师再教育，为教师提供更多学习机会，创造学习条件，都是有利于教师的可持续发展的，对此，整个体育教育系统和学校领导、体育教学管理者都应该有充分的认识。

聘用体育教师时，应加强对教师资格认定、教师聘任和任职评定等方面的审查。教师资格的获得需要经过长时间的学习和实习才能获得，学成之后，要进行严格的考查。要重视教师的教学能力考核，尤其是要注重教学能力标准考核。一名合格的体育教师应具有教学能力、育人能力、组织与协调能力、教育研究的能力以及教育机智与实践智慧。

针对在岗教师，应重视教师的教学能力培训，不断提高教师的教学能力，通过教师体育素养的提高、教学能力的提高，来影响学生、教导学生，促进学生身心健康发展和终身体育意识、体育实践能力提高，并推动整个学校体育教学体系的发展。

（二）完善教师队伍结构

体育教师队伍应重视不同教师之间的年龄结构的比例协调，教师队伍中，既要有教学经验丰富的老教师，也要有具有新思想的年轻教师。

此外，体育教师队伍应重视不同教师之间的学历结构的整体提高，这就需要加强教师的学习、交流，并重视优秀教师的引进，为学校的体育教师队伍注入新的活力和创新因素，以不断完善和提高教师队伍素质水平。

（三）建设和谐校园体育环境

良好的教学环境是体育教学发展的重要基础，高校体育教学的发展不能限于教学本身，还要重视环境建设。

首先，高校体育教学需要教学物质设施条件做基础，改善体育教学环境时，改善体育物质教学环境是最重要的前提，良好的体育教学场地、设施、器材能为教师更好地教、学生更好地学提供保障，并避免意外伤害事故的发生。

其次，高校体育教学的发展与完善还应该关注校园体育文化建设。校园体育文化建设涉及多个方面，良好的体育文化建设能为学校提供一个良好的体育学习、体育参与氛围，充分调动师生体育参与的积极性，并影响更多的学生参与到体育活动中，在整个校园师生体育热情高涨的环境中，体育教学活动的开展必然会变得更加顺畅，使学生不自觉地积极主动参与到学校组织的各项体育运动之中。师生默契配合，体育活动参与和学习也就不再受教与学的目标与任务的"督促"，而成为师生的一种内化行为习惯。

(四)完善体育教学评价体系

高校体育教学的发展离不开教学评价的完善,教学评价是教学的一个重要工作内容和环节,要促进高校体育教学的不断发展,高校体育教学评价的不断完善是一个非常有效的推动策略,也是高校体育教学发展的一个必然要求与趋势。

当前,要促进高校体育教学发展、建立科学的教学评价体系,以对学生的学习评价为例,应重视做好以下工作。

1. 评价内容应多元化

评价者对学生的评价,应关注学生多个方面的发展。例如,体育教师对学生的评价,不能仅仅在期末通过观看学生对某一个体育动作技能的演示对学生整个学期的学习做出评价,一个动作的示范与演示并不能概括学生的整个体育学习情况,而只是学生体育学习的一个方面的展示。教师还应关注学生的体育学习进步程度、学习态度改变、体育运动心理的建设、体育意志品质的发展、与同学及教师的社会性互动等方面。评价内容越丰富,对学生的了解就越全面,评价就越客观。

2. 评价方法应多样化

体育教师对学生进行教学评价,要尽可能多地了解学生的信息,这就需要教师掌握尽可能多的教学评价方法,从多个层面和渠道尽可能多地了解学生学习信息,以对学生做出全面真实的评价。

3. 评价标准应有科学依据

体育教学应促进学生体质健康、心理健康、社会健康等多方面的发展,以体质健康为例,应根据科学化、具体可量化标准对学生的体育学习进行评价,应全面贯彻《国务院办公厅关于强化学校体育 促进学生身心健康全面发展的意见》,将体质健康测试内容明细化、规范化,纳入体育课考核中,以制度为指引,严格地对大学生进行健康检测。

4. 评价主体应多元化

传统体育教学评价中,教师是唯一的评价者,新课改下,体育教学应关注学生的身心健康和个性发展,对学生评价也要做到多方面,要了解学生各方面的发展，教师的评价是一个重要角度，还应通过学生互评、家长评价来了解学生，综合评价学生，如此才能更好地发现问题，完善教学。

五、丰富高校体育教育功能

高校体育教育具有多样化的功能，这些功能是保证高校体育教育富有重要意义的关键因素。而如何才能发挥出这些功能，并为学生的全面发展服务，就成了专家学者们研究的内容。在人们的印象当中，体育教学的最大功能是强健身心，但实际上它的功能远远不止这些，而最大化地开发出高校体育教育的功能就成了未来高校体育教育的发展趋势之一，这也适应当代大学生的培养目标。这里主要对高校体育教育中的美育功能以及其在不同体育形式间的助推功能进行分析。

（一）高校体育教育中的美育功能

美育在现代所提倡的素质教育中有着不可替代的作用，是指导人们如何发现美、感受美和欣赏美的教育内容。美育的目标是养成人格美，即培养丰富的具有完美个性的人。美育的中心任务是使受教育者掌握美的规律，养成感觉美、鉴赏美、创造美的能力。体育运动中充满了许多种类的美，在体育教育中贯彻美育原则可以使死板的记忆化为主动想象，可以把枯燥乏味的技术动作等化为生动美好的艺术形象，把师生之间单方面的灌输关系变成平等的相互交流关系。这种将美育功能融入体育教学中的教育行为不同于一般的教育，它对于美育的最大功效主要表现在以下几个方面。

1. 对美的教育更加直接和明显

体育教育的美育功能主要是通过欣赏或身体力行参与其中，感受到身体运动对美的塑造。在体育运动中，不仅人体各种潜在的生理机能得以充分展现，还能促使人们的体格变得更加强壮与健美，从而最终使人成为"健、力、美"的有机结合体。

2. 体育的审美教育

通过审美教育，引导受教育者自觉参与体育活动，并在活动中遵循美的规律，塑造出完美、和谐、健康的形体并造就优良品质，塑造人的心灵美。

3. 培养美的情操、美的灵魂

体育教育在塑造人格美方面的教育功效更为直接和显著。学生在参加体育教学及其相关活动时能亲身感受到体育运动带给他们的身心双重的健康效益。其中对于心理方面的调试作用可使他们获得良好的心情，再加上体育运动中的一些项目需要团队配合进行等，可以培养学生美的情操，感悟美的灵魂。

因此，高校体育教育的美育有更深层次的意义，即以体育美育为途径追求德育、智育的目的。

（二）基础体育、高校体育及终身体育的互动作用

基础体育是以身体练习为主要手段，通过合理、科学的体育教育和锻炼手段，达到增强体质与健康的目的。基础体育的范围包括学校体育与社会体育。高校体育实际上也是学校体育的一种，只是它的级别更高，内容更丰富，目的性更强。高校体育的最大意义在于培养学生的终身体育意识和掌握正确的运动方法，可谓起到了承上启下的重要作用，同时也是学生对于体育学科学与用的关键衔接点。但是即便如此，也不能单纯地认为高校体育是基础体育的继续，两者之间实际上还是有所差别的，而基础体育的发展为高校体育教育提供了高起点，推动了高校体育的改革。

终身体育教育与高校体育存在互动作用，因此，高校体育应该把终身体育作为体育教育的终极目标，以培养学生的体育意识为己任，如此才能发挥出高校体育在终身体育教育中的"桥梁"作用。这种"桥梁"作用的具体表现如下：

①高校体育是最高级别的学校体育，是学生身体教育的最后一站，是学校到社会的转折点和学与用的衔接点。在高校体育中加强学生终身体育意识和技能的培养有利于学生了解终身体育带给他们的健康效益，并且通过意识与行为的传播，成为根植于社会之中的社会体育辐射源，成为大众健身的示范者和践行者。

②大学生处于身心发育较为成熟的时期，是接受教育、完善自我、实现个体社会化的最佳阶段。由于文化层次较高，理性及自主能力较强，在此期间，学生结合自身的兴趣、爱好及身体状况和专业特点，学习自我锻炼身体的知识、发展自我锻炼身体的能力、培养终身体育锻炼的习惯，必能收到事半功倍的效果。

六、注重对民族传统体育项目的引入

我们国家的民族传统体育应该成为高校体育教育的构成部分，原因在于它是民族品格、民族精神的体现，除此之外，也有助于传承和弘扬民族文化，在大学生科学文化素质、思想品德素质、身心素质的培养方面也发挥着巨大的作用。

（一）民族传统体育与素质教育

在素质教育中实施和加强民族传统体育是指根据个人和社会发展的需要，结合项目本身的各种有利条件，并通过在活动过程中采用具体方式引导学生主动参与，以最大限度地发挥自身潜力，提高自身价值和综合素质，促进民族文化弘扬，培养高尚情操，促进人的身心健康得到充分发展和提高。

（二）民族传统体育教育与科学文化素质

民族体育在强化素质教育与科学文化教育方面起着非常重要的作用。民族体育蕴藏着深厚的东方哲学和理念，也含有美学、医学、文学等方面的知识，通过对民族体育开展学习，可以拓展学生的视野和知识领域，强化体育意识，同时，有助于文化素养的提升，推动全民健身的开展，对体育强国的形成起到积极的促进作用。

（三）民族传统体育教育与思想道德素质

民族传统体育在丰富学生学识的同时，也向学生们传递了一种意识、一种理念、一种精神。民族文化的内涵是宽阔的，传统伦理所要求的"道德、正义、礼貌、智慧、信念"也贯穿于体育活动的过程中。作为道德文化的规范性和具体化体现，它对人们有着微妙的影响。因此，传统民族体育的发展可以帮助学生树立正确的伦理道德观念，提高各种品德和素养，使其充分、系统地掌握中华民族文化精髓，并转化为自己的意识和行为。这与在学校教育中强调"德育第一"是实现教育总体目标的必要条件是一致的。

（四）民族传统体育教育与身心素质

民族传统体育以人为本，围绕如何提高人的身心健康水平，运用体育活动锻炼身体修养和道德修养。因此，通过学习，学生不但可以获得丰富的专业知识和特殊技能，还能够深刻理解和领会中国传统文化的内涵，帮助他们表达情感，陶冶情操，在素质教育中发挥着重要作用。

（五）民族传统体育教育与个性的培养

个性教育有助于促进学生个性的全面发展。对于学生个性的发展来说，民族传统体育也起着积极的促进作用，在促进身心健康发展，特别是个性心理发展方面，扮演着指路人的角色，对在复杂的环境中培养人的良好心理适应性是有益的。同时，也有助于学生发现个性缺陷，进而采取有效方法改善自身缺点，尽力避免缺点，形成正确的人生观，树立正确的社会角色定位，彰显民族体育的风范，最终实现个性化的形成。

第四章
高校体育教学内容的发展与创新

随着当今社会体育的迅速发展，高校体育教学工作也面临着前所未有的挑战。传统的教学理念至今仍对我们的高校体育教学影响颇深。为适应社会的发展，教师应该结合当今高校教学的实际情况，改变传统的教学理念，进一步创新体育教学内容，提高自身体育教学水平，从而能够有效地提升体育教学效率，激发学生在体育教学中的主动性和趣味性。因此，创新体育教学内容是教育发展的必然趋势。

第一节 体育教学内容概述

体育教学内容是体育教学工作者在进行体育教学时的主要参考，因此，其在体育教学中占据非常重要的地位。再加上所涉及的知识点较为繁杂、宽泛，因此，对于体育教学工作者而言，体育教学工作必须建立在对体育教学内容充分了解的基础上。

一、体育教学内容的概念

体育教学内容是指以健康教育为目的，以身体练习、运动技能和教学比赛等形式为手段，通过课堂教学实施，可以在教学环境下进行的教学内容的总称。因此，体育教学内容和其他教学内容一样，都具有明显的教育性、科学性和系统性的特征，但是它与其他学科又有着明显的区别：体育教学内容突出的是实践性，师生在课堂上不是封闭静止的，而是互动的、全开放的；另外，体育的许多教学内容提炼于现实生活，因而它又具备一定程度的娱乐性、观赏性和竞技比赛性。

（一）体育教学内容有别于一般的教育内容

首先，体育教学内容是依据体育教学目标而选择的，在制定目标时充分考虑了学生身心发展需要、教学实际条件等因素。其次，体育教学内容是以身体活动为基本手段进行的教育，以身体锻炼、身体练习、运动技术与技能学习和教学比赛等组织形式为主要教学形式，而语文、数学、英语等学科则是以理性知识传授为主的教育。

（二）体育教学内容有别于竞技运动的内容

竞技运动的训练虽然也有育人功能，且体育教学和竞技运动的内容都是运动项目而且大部分相同，但二者的目的和对运动项目的运用有很大差异：体育教学以培养健康的合格公民为目的，竞技运动以培养高水平运动员和创造优异运动成绩为终极目标；体育教学内容需要根据社会发展进行必要的改造、组织和加工，而竞技运动内容不必且不允许进行改造。即使是相同的运动项目，二者对受教育（训练）者在体能发展的水平和动作技能的标准化程度等方面上的要求也迥然不同。

由于体育教学内容在形式、性质和功能上的多样性，使体育教学内容在选择、加工、组织和教学过程控制中变得更加复杂。

二、体育教学内容的特点

（一）实践性

体育教学内容以身体锻炼、身体练习、运动技术与技能学习、教学比赛等组织形式为主，身体活动是这些教学内容的共同特征。身体运动的实践性是体育教学内容最突出的特点之一。这里的实践性是指体育教学内容绝大部分与由骨骼支持的身体运动实践紧密相关，受教育者本人必须亲身参与这种以肌肉运动为特点的运动才可能学会这些教学内容。体育教学内容中的知识学习和道德培养，也必须通过运动过程和体育学习情境氛围以及运动中的本体肌肉感觉和情感体验才能最终获得，这是与其他学科教育内容最根本的区别。

（二）健身性

由于体育教学内容以身体活动为基本手段，体育教学必然会对身体形成一定的运动负荷。因此,在运动方法和运动负荷合理的情况下,体育学习和练习自然会对身体产生锻炼的作用与效果。虽然由于教学时间的安排、运动负荷的大小和学习目标的优先级等各种因素而经常处于非自觉状态,但只要在选择、分析和设计体育教学内容时根据受教育者不同的身心特点对这些健身性的内容进行科学的设计和控制,在体育教学中对以锻炼身体不同部位为主的内容进行搭配、对运动负荷大小进行合理安排,对每个教育内容的健身效果进行评价并反馈进而改进教学,就可以最大限度地发挥体育教学的健身效果。

(三) 娱乐性

由于体育教学内容大多是竞技性的运动项目,参加者在这些运动过程中的学习、竞争、协同、挑战、表现、战胜、超越等心理体验和成就感、卓越感等,都会让人产生愉悦的审美体验。当学生在教学过程中真正感受到这种愉快的体验时,就会强化其在体育教学中对运动乐趣的追求动机,这也是体育教学内容与其他文化课内容的重要区别。

(四) 层次性

体育教学内容具有鲜明的层次性。

其一,体育教学内容内在的层次性,即体育运动的内在规律使体育教学内容的技术与战术之间、内容与内容之间存在着由简单到复杂、由易到难的递进式的层次性,这种内在层次性可以相互联系和相互制约,如篮球运动中的运球、传球等基本技术是篮球战术学习的基础,田径教学中的短跑教学是跨栏跑教学的基础等。体育教学内容的内在层次性是编制体育教学内容的依据。

其二,体育教学内容的外在层次性,即学生的生理、心理和社会特点等外在因素也具有递进式的层次性,这要求体育教学内容的安排应具备系统性、逻辑性并与以上层次性因素相适应。

(五) 开放性

体育教学内容大多是以集体活动形式进行的运动学习和运动竞赛,这种集体活动又多是以队形变化、分组学习、分组练习来组织进行的。在运动学习练习和比赛中,教师与学生、学生与学生可以自由地相互交流,频繁互动。具体为以分组形式学习，要求"角色扮演"分工明确，在体育学习中的"社会角色"变化远远多于其他学科的学习，体现出体育教学对学生集体主义精神、竞争意识、协同能力培养的独特功能。

（六）约定性

体育运动项目或身体练习方式是在一定的时间、场地、空间或在专门器械上，按照约定的规则和程序进行的，如田径、郊游、沙滩排球、户外运动、沙地网球、平衡木、撑杆跳等。也就是说，如果这些项目离开了特定时空的制约，其内容和形式就会发生质的变化，甚至内容本身就不存在了。由于体育教学内容的时空约定性，使体育教学内容对运动的时空有很大的依赖性，也使场地、器材、规则本身成为体育教学内容的制约因素。

三、体育教学内容的结构和层次

（一）体育教学内容的结构

我国体育教学内容主要是从国外体育教学内容中引进的，目前，主要由三方面构成（图4-1）。

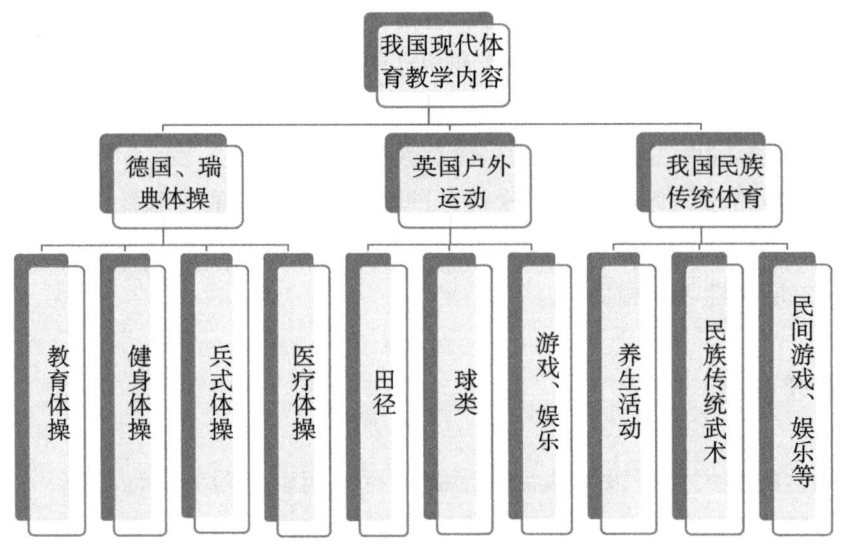

图4-1　我国现代体育教学内容

我国高校体育教学内容体系中，西方体育教学内容占据重要的地位。体操、户外运动、民族传统体育满足了当前社会大多数人的体育健身锻炼需求，学校体育教学也以这些内容为主，通过对人们生活中常见、开展便捷、认知度和认可度高的体育运动项目的教学，促进学生持续参与体育运动，并促进身心持续健康发展。

体操、户外运动、民族传统体育运动教学内容在现实生活是一种稳定存在，分析如下：

首先，从外在表现来看，三大体育内容在我国现代体育教学内容体系中均有一席之地。

其次，从内在表现来看，我国现代体育教学内容三大体系的逻辑关系及功能与价值取向方面互相补充、融合、影响，是一种互不可缺的和谐关系，三者互为补充，共同促进了我国高校体育教学目标的实现（图4-2）。

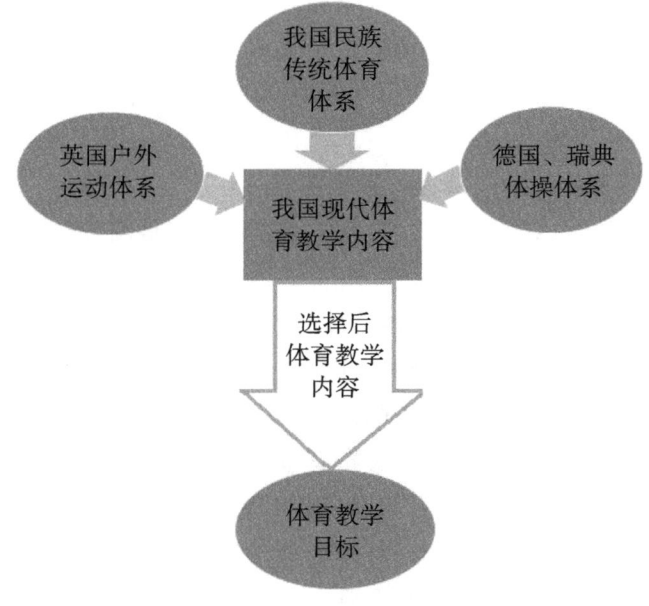

图4-2　体育教学目标

（二）体育教学内容的层次

1. 宏观层面

（1）上位层次——国家课程和教学内容

国家课程是国家为整体学校体育教学发展所规定的宏观体育教学框架内

容，为全国各地各校教学内容提供了一个正确的选择方向与选择范围。

国家层面的体育教学内容具有一定的政治性意义，体现了教学内容制定的行政服从。国家课程和教学内容充分符合国家意志，旨在通过体育教育培养和提高国民体育健康水平，并培养和发现各类体育人才。国家在体育课程和教学内容的开发方面上，需要考虑的因素非常多，不能兼顾每一个细节，因此，国家宏观课程标准更多的是方向性指导，对于一些细节问题需要各校各教师自主把握。国家体育课程内容在各地方高校中应该作为主体存在，并进行适当调整、补充。

（2）中位层次——地方课程和教学内容

地方课程和教学内容是体育教学内容的中位层次，可体现出各校体育教学的地方特色与要求。

地方课程和教学内容符合上位教学内容范围与性质，同时又能体现和满足实际教学需要，可以使本地区的体育教学资源得到最有针对性的利用，可以体现出地方体育教学的特色发展需要和地域性体育内容特征。

（3）下位层次——学校课程和教学内容

学校课程和教学内容是教学内容的下位层次，是高校体育内容最直接的体现。

学校体育课程的下位层次内容是体育教师直接选择的体育教学内容，也是学生在体育教学课堂上直接接触的体育教学内容，是在国家体育教学课程内容与地方体育教学课程内容所规定的范围内选择出来的，同时，也是最符合本校体育教学软件和硬件设施条件、最符合本校学生特点和受学生欢迎的教学内容，体育教师在选择和甄别学校体育课程和教学内容时，有较为自由的选择权，同时也能体现出学校、地方、教师的教学特色与教学要求。学校体育教学的开展质量最终还是要看学校体育课堂上直接呈现出来的体育教学内容，这是体育教学影响学生的最直接内容。

2. 微观层面

（1）第一层次——体育课程标准要求的学习内容

体育课程标准指导体育教学内容的选择，任何教师开展体育教学活动过程中对教学内容的选择都离不开课程标准要求，也就是说，教学内容应该充分考虑学情。

必须重点指出的是，体育课程标准所要求的教学内容范畴，是体育教学活动领域的内容。

（2）第二层次——课程标准所示的水平目标

所谓水平目标，简单来说，就是通过体育教学活动的开展，向学生展示具体的教学内容，学生通过对教学内容中的知识、技能的学习与掌握，能够在体育学习与体育活动参与之后达成一个什么样的效果，对此教师应做到心中有数。

具体在体育教学实践中，教师应先明确体育教学目标，确定自己的教学任务内容和学生的体育学习内容，通过对教学内容的呈现、讲解、分析，内化为学生的知识、技能。

（3）第三层次——体育教学的教学物质设施

将体育教学物质设施作为体育教学内容的一个部分和层次，从表面来看不好理解，但细分析来看，任何体育教学内容从书本上的文字到呈现给学生立体化的技术动作，教师无论是借助具体的运动场地、运动器材身体示范，还是通过直观教具，多媒体展示图片、模型、动画等，都需要借助一定的体育教学物质设施来实现，体育教学中，体育运动场馆、场地、运动器材、教学教具，教学技术所依赖的设备与设施等，都是教学内容形象化、动态化呈现的一部分，因此被作为体育教学内容的第三层次。

作为第三层次的体育教学内容，依据不同功能和形态、大小练习循环及多少分为四个层次（图4-3）。

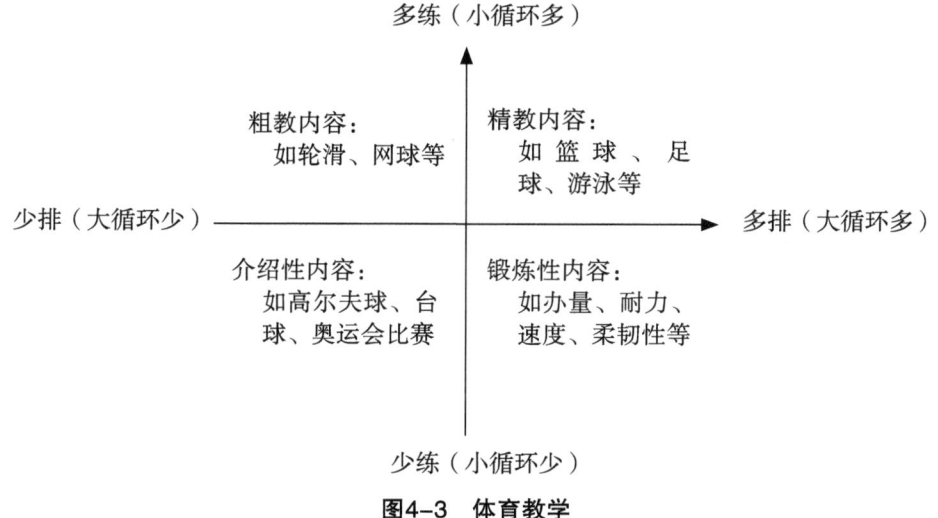

图4-3 体育教学

（4）第四层次——体育教学的教学方法与手段

体育教学方法与手段是第四层次的体育教学内容，在体育教学开展过程中，体育教学内容与体育教学方法与手段有着非常密切的关系，需要依托体育教学方法与手段进行展示，该层次教学内容是某一教学内容下面的具体内容。

第二节 体育教学内容的目标和要求

体育教学内容来源于人类发展的各个时期，教学内容的目标和要求都具有很强的时代性。这主要是因为体育教学内容由当地民众的文化水平、地域气候条件、社会政治、经济发展状况、生产力水平、科学技术水平等因素决定。

一、传统性体育教学内容的目标和要求

传统性体育教学主要是指运用传统的教育方法对学生进行体育运动技能培训的一种形式，其内容是体育教学内容中一直存在的锻炼项目。虽然体育教学内容随着时代的不断更迭而持续变化，但是传统性体育教学内容因其积极的教育作用仍然在教育界中占据很重要的地位。下面将对一部分传统性体育教学内容的目标和要求进行简单的叙述。

（一）体育保健

体育保健教学内容的目标：通过体育保健基本知识和原理的传授，让学生深刻地认识到体育教学在人的成长过程中的重要作用，学习体育运动对国家、社会的重要作用，从而激发学生对体育锻炼的使命感，使他们能自觉地参加体育锻炼。除此之外，通过体育保健基本知识和原理的学习，学生能够了解一些体育学习的必要知识，对体育教学形成正确认识。

体育保健教学内容的要求：体育保健教学内容的编写应该结合当前社会的状况、学生的实际需求等方面进行，并且精选一些对学生的实际生活和成长有较重要影响的体育运动项目，保证内容的真实性和目的性。同时在对这类内容进行教学的过程中，要结合实际操作进行演示，有益于学生掌握和接受。

（二）田径运动

田径运动是常见的运动项目，主要包括跑步、跳高、跳远、投掷等内容。

田径运动教学内容的目标：通过这类运动，学生能够了解田径运动的一般规律和基本知识，清楚地认识到田径运动在他们成长过程中对身体素质培养的重要意义，掌握一些田径运动相关的基本原理和方法，掌握一些基本的田径运动技能，通过生活中的不断练习，达到增强学生体质的目的。

田径运动教学内容的要求：在设计田径运动教学内容的时候，不应该单从竞技类运动的角度划分、分析田径运动的教学内容和作用，而应该从文化、运动特点、技能作用等多方面进行教学内容的设计和组织，这样才能让学生更科学地掌握田径运动的基本知识，并且将获得的田径运动知识和技能正确地应用到健身实践中。由于田径运动会使肌体产生一定的负荷，负荷强度太高会对肌体造成一定的损害，强度太低则达不到运动的效果，所以在教学过程中，应该根据学生的身体特点灵活教学。

（三）体操运动

体操运动是体育教学中的重要组成部分，由于其对人体的平衡和形体的训练有着非常积极的作用，因此颇受广大高校学生的喜爱。

体操运动教学内容的目标：第一，在教师的指导下，让学生充分地了解体操运动文化，了解体操运动对人体健康的作用；第二，让学生掌握一些基本的体操运动技能和方法，使学生能够在日常生活中使用体操来锻炼身体；第三，让学生能够安全地从事体操运动，并且掌握一些体操比赛的基本常识和技巧。

体操运动教学内容的要求：体操不仅能锻炼人体的平衡性、协调性和灵活性，而且能对学生心理方面进行积极的引导和教育。因此，要从竞技、心理和生理等多视角来对体操教学内容进行分析。在教学内容的编排上，要保证一定的层次性，不能总是停留在低水平的层次上。在教学过程中，要根据学生的身体特点开展合理的训练，如对于有些平衡能力较弱的学生，应该进行更多有关平衡能力的练习，做到因材施教，才能保证教学质量的提高。

（四）球类运动

球类运动是一种常见运动，主要包括足球、篮球、乒乓球等运动。由于球类运动是一项充满活力和竞技趣味的运动，因此很受当今高校学生喜爱。

球类运动教学内容的目标：第一，让学生充分地了解球类运动的基本概念和球类运动中的一些比赛规则；第二，使学生能够掌握一些球类运动的技能和技巧，以及参加球类运动比赛的基本技能和常识性知识。

球类运动教学内容的要求：球类运动虽然是一项群众性的运动，但其技巧和方法较为复杂，因此，在筛选教学内容的时候不能只对球类的单个技能进行教学而忽视其与比赛之间的联系，否则就会失去球类运动的基本特性，同时，还要注意教学内容选择的顺序性与实战性之间的联系。在教学过程中，要注重对技能的训练和对学生团队合作精神的培养。

（五）韵律运动

韵律运动其实就是一些类似于舞蹈、健美操、体操等的运动项目，与其他运动最大的区别是将舞蹈与运动相结合，在音乐节奏的作用下，实现两者的完美结合，因此，韵律运动是当今女性尤其喜爱的一种运动。

韵律运动教学内容的目标：使学生了解韵律运动的基本特征，了解从事这一项运动应该遵循的基本原则和规律，掌握一些基本的技巧和套路。除此之外，学生还可以通过此课程的学习，塑造优美的形体。

韵律运动教学内容的要求：因为韵律运动是一项表现运动，同时又是一项塑造形体的运动，不仅涉及音乐、艺术方面的因素，还涉及美学方面的知识，因此，韵律运动教学内容应该从学生审美观的培养、舞蹈音乐的了解和掌握等方面全面地、多角度地加以考虑。韵律运动教学内容还要强调对学生创新能力的培养。

（六）民族传统体育

民族传统体育是一个民族精神和文化的代表，反映着一个民族的发展历史。通过对民族传统体育的了解和研究，将其教学内容的目标确定如下：第一，借助民族传统体育的讲授，让学生对民族文化有更深的了解；第二，使学生学到一些民族传统体育的技能，如中国武术，既可以防身又可以继承和弘扬民族文化。

民族传统体育教学内容的要求：在编排内容时，不仅要结合学生的特点以及现代人的生活方式，而且要强调内容的文化性和实用性，特别是对民族传统体育文化背景和意义的介绍和揣摩。在教学过程中，要注意对学生兴趣的培养。

二、新兴体育教学内容的目标和要求

随着社会的不断发展，人们生活水平日益提升，科技不断进步，促进了各国政治、经济、文化的迅速创新和发展。在这种社会背景下，新的体育运动项目也逐渐兴起。研究新兴的体育教学内容有助于优化体育教学的结构。通过对体育教学内容的不断研究和分析，将新兴体育教学内容总结如下。

（一）乡土体育

近几年来，教育改革的不断深入、教育内容的不断创新、课程资源的不断开发，引起了广大体育教学研究者的重视，一些具有积极锻炼意义、散发着浓烈乡土气息的运动项目重新登上体育教育的舞台。这类乡土体育运动的教学目标是，让学生对民间体育和民俗风情有更深的了解，使学生掌握一些具有地域特色的民俗体育知识和技能，促进当地传统文化的继承和传播。

乡土体育教学内容的要求：由于这类体育项目来自民间，具有民俗文化的传播作用，因此，要注重其内容的文化性、安全性、锻炼性和规范性，同时剔除一些不利于文化或是正能量传播的因素，摒除一些错误的实践。

（二）体适能与身体锻炼

随着社会对学生的身心健康全面发展要求的不断提高，一些针对性较强的体育锻炼作为培养学生身体健康的运动被正式带进课堂。这些内容与教师对此类运动的实践技能的传授相结合，共同发挥着提高学生的身体素质和运动素质的作用。

体适能与身体锻炼教学内容的目标：通过这一部分教学内容有效地锻炼学生的身体，让学生掌握更多实践锻炼和运动的原则和方法，帮助他们更好地提升运动技能。

体适能与身体锻炼教学内容的要求：由于这是对学生体适能的锻炼，因此要结合学生身体素质状况，遵循体育锻炼的基本规律，要注意锻炼的针对性、科学性和时效性，同时，注意内容应该符合国家规定的学生体质健康的实行标准。

（三）新兴体育运动

由于新兴体育运动教学的内容具有时代性，因此教师在教学时要注意对体育教学目标的掌握。经过分析和研究，将新兴体育教学内容的教育目标总结如下：使学生掌握一些比较流行的体育运动文化，提高学生对新兴体育运动教学内容的兴趣，同时提高体育教学在终身教育方面的实用性，提高体育教学的质量。

新兴体育运动教学内容的要求：由于这是一种新兴的体育教学内容，所以在选用时，首先要保证其符合教学条件的基本要求，其次要注意体育教学内容的文化性、教育性、安全性和实践性，同时注意对教育内容的筛选，杜绝不利于学生成长的体育内容。

（四）巩固和应用类课程

巩固和应用类课程的基本教学内容是新课标要求下的一种教学内容，而且是随着活动课程的发展而不断形成的，其教学内容的目标是，通过此类教学内容的学习，巩固学生体育教学的基本知识和技能，并能够将其与运动实践相结合，借此提高学生的体育锻炼技能以及在参加体育活动时的常识和能力。

巩固和应用类课程的基本教学内容的要求：在选用教学内容时，注意将其与学科内容和体育教学内容完美地融合，同时注意对内容的延展性和应用性的掌握，注意在体育教学活动中对学生创新能力和创新意识的培养，使学生能够进一步拓展所学习到的知识和技术。

第三节 体育教学内容的编排与选用

我国高校体育教学以前大多忽视学生的兴趣爱好和个体需求，未能重视学生主体地位。新课标出现以后，高校体育教学开始选择一些有利于学生身心发展、适应社会需求的教学内容。高校体育教学内容的选择、拓展与新编，都要求时效性、科学性和趣味性，教学内容要有利于体育教学目标的实现，切合学生实际,具有时代性特征。根据整体性、科学性、特色性和整合性的教学原则,按照一定的教学步骤进行内容的选编。

一、体育教学内容的编排

(一)体育教学内容的编排逻辑

体育教学内容编排,必须充分考虑不同教学内容之间的逻辑关系,良好的逻辑关系有助于教师更好地开展和组织教学工作,同时,也有助于结合学生的认知规律来安排不同教学内容的顺序,以便于学生更好地接受体育知识与技能。

教学内容的编排应符合以下三个基本逻辑:

①根据教学内容内在逻辑顺序编排。不同的体育教学内容之间存在一定的逻辑关系,教师选择与安排不同教学内容时应充分认识到学生对各教学内容的认知规律、掌握规律,要由浅入深、由易到难,循序渐进。

②根据学生身心发展规律编排教学内容。以学生发展为本位,结合学生的身心发展规律和特点来选择和安排相应的体育教学内容。

③根据教学目的依次编排教学内容。以体育教学目标为本位,根据教学目标要求,为我所用地编排体育教学内容。

(二)体育教学内容的编排模式

在对体育教学的课程内容进行排列组合时应坚持一定的策略,目前,体育教学内容的主要编排方式包括螺旋式排列和直线式排列,还包括以上两者综合在一起的混合型排列方式。这里重点对螺旋式排列和直线式排列两种体育教学内容编排模式进行详细分析。

1.螺旋式排列

体育教学内容的螺旋式排列是某项运动项目的教学内容的有关方面在不同年级重复出现,逐步提高教学要求的一种排列方法。

在历来的教学大纲当中,只模糊地说明一些锻炼身体作用大的教材是适合用螺旋式排列来进行编排的,事实上,并不是仅仅锻炼身体作用大的教材才适合于螺旋式排列的编排方式。一些兼具难度和深度，总是要求学生熟练掌握运动技能的教学内容，也是更加适合于螺旋式排列方式的。

2. 直线式排列

与螺旋式排列方式的教学内容不同，直线式排列的教学内容意味着，学习了某一体育运动项目和身体练习之后，相同的内容基本上不再重复出现。

随着体育教学的发展，如何更加科学地对体育教学内容进行编排，以实现更好的教学效果，要求体育教学工作者在体育教学内容的编排过程中，注意考虑体育教学内容的循环周期现象。

研究表明，在体育教学内容的编排中，存在循环周期的现象。这种循环是指，同一教学内容在不同的学段、学年等范围中进行的重复安排就是循环周期现象。这种循环周期有的是课，有的是单元，有的是学期，有的是学年，甚至有的是在某一个学段中。以跑步为例，一节体育课上要进行100米跑，下一次课当中仍要进行100米跑就是以课为周期的循环；在一个学期内安排100米跑，在下一个学期内的课程上仍要安排100米跑就是以单元和学期为周期的循环。以此类推。结合上述理论，我国体育教学者根据不同的内容性质将体育教学内容的编排分为以下四类：

① "精学类"教学内容——充实螺旋式。
② "粗学类"教学内容——充实直线式。
③ "介绍类"教学内容——单薄直线式。
④ "锻炼类"教学内容——单薄螺旋式。

以上四种体育教学内容编排方式很好地满足了新课程标准中对体育教学内容的要求，并根据体育教学内容中的自身理论，结合当前体育教学内容中的各种情况，创新地将各个方面的内容合理编排在体育教学中，所以在体育教学的发展改革中，上述几种编排方式都非常适用，有利于体育教学目标的实现。

3. 周期循环排列方法

体育教学内容的循环是指同一教学内容在不同学段、学年等范围内的重复安排。这种循环可能以课、单元、学期、学年等为周期进行。

在体育教学实践中，学生对体育运动知识和技能的掌握是依靠不同周期教学内容的合理安排和相互作用来掌握的，以学生的体育技能学习为例，结合学生技能学习需要经过泛化、分化和自动化的三个阶段的客观学习规律，在不同的学习阶段，体育教学内容的循环需要突出"大、小循环"，以达到"温故而知新"和"巩固提高"的教学目的。体育教学内容具体应该安排大循环还是小循环，应结合教学内容的特点来进行（图4-4）。

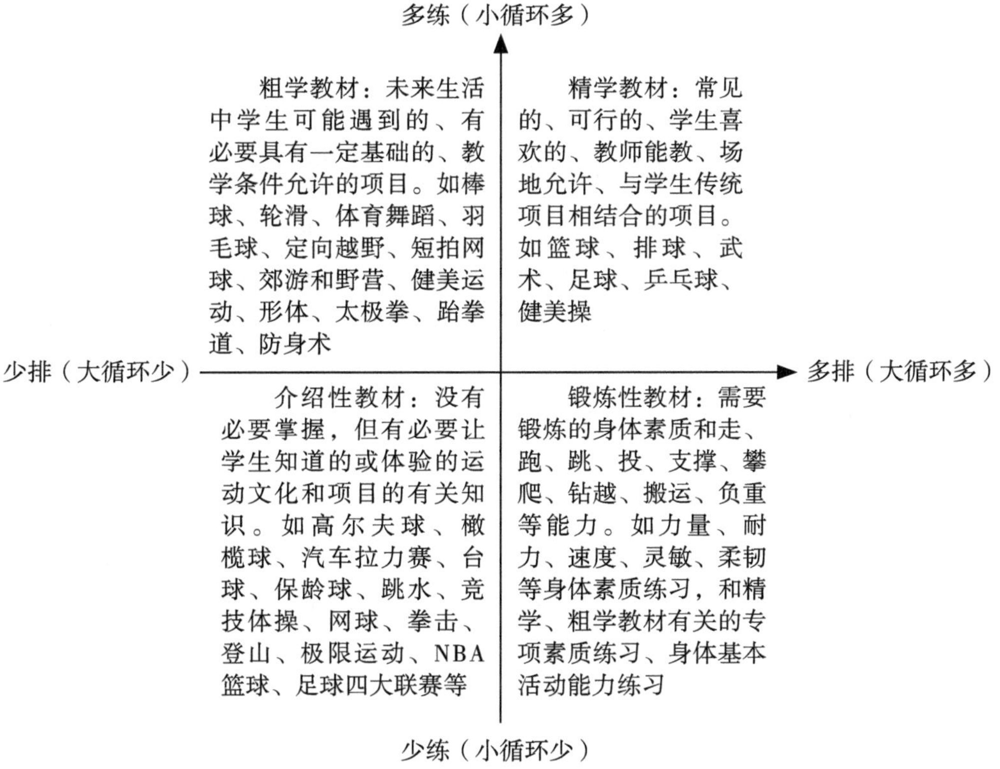

```
                          多练（小循环多）
                                ↑
        粗学教材：未来生活       │   精学教材：常见
        中学生可能遇到的、有     │   的、可行的、学生喜
        必要具有一定基础的、教   │   欢的、教师能教、场
        学条件允许的项目。如棒   │   地允许、与学生传统
        球、轮滑、体育舞蹈、羽   │   项目相结合的项目。
        毛球、定向越野、短拍网   │   如篮球、排球、武
        球、郊游和野营、健美运   │   术、足球、乒乓球、
        动、形体、太极拳、跆拳   │   健美操
        道、防身术               │
少排（大循环少）─────────────┼─────────────多排（大循环多）
                                │
        介绍性教材：没有         │   锻炼性教材：需要
        必要掌握，但有必要让     │   锻炼的身体素质和走、
        学生知道的或体验的运     │   跑、跳、投、支撑、攀
        动文化和项目的有关知     │   爬、钻越、搬运、负重
        识。如高尔夫球、橄       │   等能力。如力量、耐
        榄球、汽车拉力赛、台     │   力、速度、灵敏、柔韧
        球、保龄球、跳水、竞     │   等身体素质练习，和精
        技体操、网球、拳击、     │   学、粗学教材有关的专
        登山、极限运动、NBA     │   项素质练习、身体基本
        篮球、足球四大联赛等     │   活动能力练习
                                │
                                ↓
                          少练（小循环少）
```

图4-4 周期循环排列

对体育教学内容进行加工处理，不论是哪一种排列法，都需要注重不同的体育运动和身体练习的特征。

（三）体育教学内容的编排方法

1. 简化的教材化方法

简化的教材化方法具体是指将各种高水平、正规的竞技运动项目在各方面（包括竞赛的规则、技术、器材和场地等）进行简化，从而使其能够更好地适应体育教学活动的开展。这种方法是现代体育教学中，对教学内容进行教材化最为常用的一种方法。简化教材法能够使教学内容与学校的条件、学生的能力与需求、教学的目标及教师的教学能力等各方面相适应，使教学更具操作性。

2. 理性化的教材化方法

理性化的教材化方法主要是指通过对各种运动项目所包含的各种运动原理和知识等方面进行充分的挖掘,并将其组织安排在教学过程中的一种教材化方法。这种教材化的方法适用于具有一定体育基础的学生的体育教学。

3. 实用化、生活化、野外化、冒险运动化的教材化方法

实用化就是使教学内容与实用技能相结合;生活化是教学内容与日常生活相结合;野外化是将正规的场地变为野外的非正规场地,或将各种场地运动转变为各种野外运动;冒险运动化是增加一定的惊险性,激发学生的学习兴趣。这些方法能够与现实生活中各种需求相结合,增加教学内容的趣味性,提高学生的学习兴趣。

4. 游戏化的教材化方法

很多体育教学内容都比较枯燥,如跑、跳、投、体操、游泳等运动项目,因此,在选择好教学内容后还需要对其进行一定的改造,而常用的就是游戏化的教材化方法。这种方法是将这些单调的运动用"情节"串联成游戏,以提高参加者的兴趣,同时又不会在很大程度上改变练习的性质,依然可以很好地达到增强练习效果的目的。

5. 运动处方式的教材化方法

运动处方式的教材化方法是指以遵循锻炼的原理为基础,对运动的强度、重复次数、速率等因素进行组合排列,并以学生不同的需要为根据,组成处方来进行体育锻炼和教学。这是一种不可或缺的教材化方法,对教会学生运用运动处方式锻炼身体非常有利。

(四)体育教学内容编排的注意事项

1. 注意学生基础和教学实际

体育教学内容的编排应符合学生的实际需求,应使体育教学的内容与学生的实际情况和实际需求相适应,以促进体育教学质量的不断提高。具体而言,

在进行体育教学时,教师应在考虑体育运动和身体练习本身的难易程度的基础上,依据学生的实际需要、学生的体能和运动技能基础以及其发展的阶段特征等方面,合理安排体育课程内容。

2. 突出不同体育运动和身体练习特征

体育教学内容丰富,在对体育教学内容进行编排时,应注重各种运动技能的学习、改进、巩固、提高和运用。应该认识到,体育教学中不仅要使学生了解相应体育知识和技能,还应该使学生能在日常体育锻炼中灵活运用这些知识和技能。这就要求教师在对不同体育教学内容进行编排时要突出不同运动项目的特色和技法特点。

二、体育教学内容的选择

体育教学内容在体育教学中非常重要,对整个体育教学活动的过程具有非常大的影响,还将教师与学生连接在一起,促进学生和教师之间的信息交流。体育教学内容对于体育教学方法和教学手段通常起着制约作用,这有助于体育教学目标与课程目标的实现。为了适应现代社会发展的需求,体育教学内容的选择必须要有一定的依据,遵循一定的原则。

(一)体育教学内容选择的依据

1. 体育课程目标

体育课程内容在实现体育课程目标的过程中,是作为手段而不是目的而存在的。体育课程目标存在多元性的特征,体育运动项目和身体练习也具备可替代性的特征,这都使体育教学内容的选择变得更加多样性。所以选择体育教学内容时必须有标准可以依据。

体育课程目标是对教学内容进行选择的重要依据,这是由于体育课程目标在体育课程编制的过程中,在每一个阶段都被作为教学内容的先导和方向,它经过了多方专家的合理思考验证,对各个方面的影响都进行了认真合理的验证。因此,在进行体育教学内容选择时,目标是必须遵循的,相应的体育课程目标对应着相应的体育课程内容。

2. 学生的需要及身心发展规律

选择体育教学内容时，学生的需要是必须要考虑的。体育教学以促进学生身心发展为目的，所以，对体育教学内容进行选择的一个必要因素就是学生对于体育的需要和兴趣，这对于学生有效地学习是非常重要的。学习需要学生的主动参与，也就是说，学生自身的积极和努力是必不可少的。通常学生面对感兴趣的事情，参与的动力就会大大增加，学习的效率也将倍增。这非常符合一些学者所提出的观点：如果学习是被迫的而不是学生出于兴趣进行的，那么学习在某种意义上来讲就是无效的。调查结果也非常符合这一说法，即如今学生虽然非常喜欢参与课外体育课程，但对于体育课却是兴趣索然，最重要的因素就是教学内容缺乏趣味性。

学生对教学内容的接受程度取决于其身心发展规律以及特点，因此，体育教学内容必须以学生为主体，考虑学生的接受程度，要能进一步激发学生的兴趣。在选择体育教学内容时，不能忽略学生的实际情况，需要结合学生的特点来决定教学内容的各项要素。

3. 社会发展的需要

学生的个体发展无法脱离社会的发展，而体育教学能够在健康方面为学生打下良好的基础。在进行体育教学内容的选择时，除了考虑学生本身的需求外，社会现实发展的需求也必须被考虑进去。体育教学内容在选择方面不能够忽视学生走入社会后发展所必需的体育素质，必须能够满足学生走入社会后各方面的需要。除此之外，体育教学内容必须与社会生活和学生生活联系在一起，这样才能让学生体会到它的作用，其功能才能得以实现，因此，体育教学内容的选择与社会实际相符是非常重要的。

4. 体育教学素材的特性

在体育教学内容的选择上，最重要的要素就是体育教学素材，而它最大的特性就是并没有非常强的内在逻辑关系，这种特性使体育教学内容的选择无法完全按照难易程度和学生素质来进行。因此，体育教学内容往往只是以运动项目来划分，各个教材内容之间的关系是平行和并列的，如篮球和足球、体操和武术。表面上看似有联系，但这种联系并非非常清晰，而且并没有先后顺序，无法判断谁是谁的基础。所以，无法确定教学内容内部的规定性和顺序性。

体育教学素材的另一个特性是具有一项多能和多项一能的特点。所谓的一项多能就是指通过一个运动项目,能够实现非常多的体育目的,即这个项目有着目标多指向性的特点,以健美操为例,有人利用这个项目锻炼身体,有人用这个项目进行娱乐,同时这个项目还有表演的作用。在很多情况下,进行健美操运动能实现多个功能,这就是说,学生掌握了一项运动之后能够实现多种目的。多项一能则突出了体育教学内容之间具备的相互可替代性。比如,投掷练习,可以扔沙袋、投小垒球,也可以推实心球,还可以推铅球;想通过体育运动娱乐放松,可以踢足球,可以打排球,还可以打篮球、打网球。这就是说目的并非只能通过一个项目来实现,不同的项目也同样能够做到。由于这个特性的存在,使得在体育教学内容中没有不可或缺的项目,所以,体育教学内容并不具备强烈的规定性。

体育教学素材还有第三个特性,那就是它拥有庞大的数量。庞大的数量使其内容相当庞杂,并且在归类上存在一定的难度。自人类文明诞生以来,创造出的体育运动项目数不胜数,并且每一个运动技能对于练习者的身体素质也有着各种各样的要求。鉴于此,没有哪个体育教师能够精通全部的体育项目,所以体育教师的培养才要求一专多能。体育课程的设计者也很难将最合理的运动组合运用到体育教学内容当中,同时也几乎不可能编写出适合所有地区和教学条件的教材。

体育教学素材的第四个特性就是在每个运动项目中,其乐趣的关注点都是不同的。以篮球和足球为例,其乐趣就是在激烈的直接对抗中,通过娴熟的技术和精妙的战术配合而得分;而在隔网类运动中,其乐趣则是双方队员在各自的场地中通过巧妙的配合,将球击到对方场地而得分。体育运动有各自乐趣的特性使得它在体育教学内容的选择上是无法被忽略的,这同时是快乐体育理论存在的事实依据,也是这一理论在体育改革进程中发挥着关键影响的原因。

(二)体育教学内容选择的原则

1. 教育性原则

在选择体育教学内容时,首先应从教育的基本观点出发对体育教学素材进行选择,分析其是否与教育的原则相符,是否与社会的固有价值观同步。要明确分析它是否有利于学生的身心发展和身体锻炼。

选择的体育教学内容必须与体育课程的主要目标相匹配，确立"健康第一"的指导思想，并以此作为体育教学内容最基本的出发点，同时看重其中的文化内涵，使学生在学习体育技能的同时更能深刻体会到体育文化修养带来的益处。学校体育在培养学生时首先要考虑对学生的品德、智力、体质等方面的全面发展是否有利，将理论与实际结合起来，使学生在了解人体科学知识的同时真正锻炼身体，还要从思想文化等方面下功夫，使其在多方面同时发展。体育教学内容的选择对于不同学段学生的发展特点和规律都要充分考虑到，其个体差异与不同需求将会在其中起到很大的作用，而充分考虑能够确保每一位学生受益。在进行体育教学内容的选择时，还要符合各个方面的实际以确保选择时有足够的空间和灵活性。

2. 科学性原则

选择体育教学内容要遵循科学性原则，主要有以下三层含义：

①教学内容的选择必须有利于学生身心的协调共同发展。要注意，一些内容虽然有利于学生身体健康，但对于学生的心理健康并不合适，反之同样可能出现。因此，教学内容的选择必须做到使学生开心地体育活动的同时积极促进其身体的发展。

②教学内容同时也要使学生能够从根本上对科学锻炼的原理和方法有一个深入的了解，这种了解可以增加学生从事体育锻炼的自觉性和积极性。

③教学内容本身具有科学性，因此，必须注意防止一些科学性不够的体育项目作为教学内容进入课堂。

3. 趣味性原则

俗话说，兴趣是最好的教师，学生感兴趣，他们就会积极地参与其中，所以，教学内容要注重学习的兴趣点，选择他们喜欢的、有兴致的，并且当前比较流行、受欢迎度比较高的内容。在日常教学工作中，若教师把更多的关注点放在教学体系的完整性方面，对日常教学采用培养专业运动员的方法，最终会导致学生产生抵触情绪，出现适得其反的效果。

4. 实效性原则

实效性，顾名思义，就是考虑教材的实用性程度，即是否有利于学生的健康发展，使用起来是否简便。我们国家针对教材改革出台了相应的文件，文件中也不断地强调，教材内容要与社会进步相融合，要添加新鲜的东西，激发学生的兴致，教材讲授的知识一定要有助于学生终身学习。因此，教材选择方面一定要尽量添加一些学生们感兴趣的、欢迎程度比较高、符合时代发展的内容，与此同时，还要特别注重乐趣，为健康体育、快乐体育、终身体育做好铺垫工作。

第四节 体育教学内容的改革与发展

在体育教学内容具体应用过程中，要结合实际情况，对现有的教学方法进行适当的改革和创新，这样不仅可以提高体育教学的效率和质量，还可以为学生们未来可持续发展打下良好基础。

一、体育教学内容的改革

（一）体育教学改革的大背景

在我国国家基础教育课程改革的重大背景下，基础教育的新一轮体育课程改革顺势而生，每隔三年召开一次的全国教育工作会议，在其第三次召开的会议中，提出《中共中央国务院关于深化教育改革全面推进素质教育的决定》，同时，由国务院批准开展教育部《面向21世纪教育振兴行动计划》，在上述的两个文件中，对于现阶段所实行的基础教育课程体系的改革问题进行了明确，同时，强调了基础教育课程体系在新的发展时期需要进行构建与研制。

此外，在2001年6月开展的全国基础教育会议与《国务院关于基础教育改革与发展的决定》中，进一步地明确了基础课程新一轮改革的重要思想，并且提出基础教育课程新体系的建构问题，以便于能够更快地适应时代发展要求。同时，在由我国教育部提出的《基础教育课程改革纲要（试行）》（以下简称《纲要》）中，明确提出了新课程的培养目标，主要的内容有：对于我党的教育方针要全面地贯彻，使素质教育得到全面推进，将时代要求体现出来；要对学生的集体主义精神与爱国主义精神着重培养，对我国优秀的革命传统与民族传统进行传承与发扬；对学生的社会主义民主法制意识进行培养，使他们能够遵守国家法律与社会公德；促进学生人生观、价值观与世界观逐步正确形成；培养学生的社会责任感，使他们能够为服务于人民而努力；对学生加强教育，使他们的实践能力、人文素养、科学素养、环境意识与创新精神初步形成；使学生具备一定的基础知识、基本技术、基本技能与方法，以便同终身学习相适应；要求学生不仅要体魄健壮，还要具备良好的心理素质，同时，还要逐渐养成健康的生活方式与健康的审美情趣，使之成为有文化、有思想、有纪律、有道德的全新一代。

为了能够使上述培养目标顺利实现，《纲要》对基础教育课程改革中具体的六项目标作出指示。

①对于课程中过度强调知识传授的倾向要进行改变，对于形成主动的、积极的学习态度要进行强调，在学生学习基础知识与基本技术技能的过程中，还要养成正确的学习习惯，掌握一定的学习方法。

②对于课程中过分强调学科本位的情况进行改革，改善科目过多、整合缺乏的现象。

③对于课程中存在的"偏、难、旧、繁"内容要进行改变，尽可能地改善对于书本知识过于强调的现象，同时，还要加强课程内容同科技发展、现代社会发展和学生生活之间的联系。对于学生的学习兴趣与学习经验要给予一定的重视，此外，对于终身学习开展所必须的基础知识与基本技能要精心选择。

④对于课程具体实施过程中存在的不良现状要进行改变，例如过度强调死记硬背、接受性学习与机械训练等，应该积极倡导学生主动学习、勤于动手、乐于研究，培养学生搜集信息、处理信息、获取新知识、分析解决问题的能力，同时，还要有效促进学生交流能力与合作能力的提高。

⑤对于课程评价过程中过度强调甄别功能与选拔功能的情况进行改变，使学生的发展得到促进，同时，使教师教学实践的能力得到改进与提高。

⑥对于课程管理不能只照搬一个模式，而应该实现全面化的三级式课程管理，即国家、地方和学校，增强、促进基础课程同地方之间、学校之间、学生之间的适应性。基于《全民健身计划纲要》，以及现阶段基础体育课程具体开展过程中存在的问题，势必要全面地革新基础教育中体育课程的思想、内容、目标、组织、方法与评价等。

（二）体育教材内容的改革

任何一个学科的教材内容都应该以该学科专业的特点和性质为基础进行

教材化编排，这是学校学科教学的根本特点之一，为了保证体育教学的正常开展，体育教学工作者应该重视对体育教材化的研究，为体育教学提供良好的教学素材，保证教学工作的正常进行。

1. 体育教材化的概念

体育教材化的概念包括以下几层含义：

①体育教材化实际上就是对体育教学过程中的素材进行筛选、加工、编排，最终使其成为教学内容的过程，这是体育教材化最本质、最基础的含义。

②体育教材化侧重于对体育教学内容的加工和整理，体育教材也是加工的成果。

③体育教材化是依据学生的学习目标，结合学生的身体发育特点和认知规律，以为学生创造有利的教学条件作为前提而加工完成的。

2. 体育教材化的意义

纵观我国体育教学的现状以及特点，其涉及的内容非常广泛，有的来自人们的日常生活，有的来自传统的习俗，有的来自军队……这些都是体育教学内容的良好素材。但是，这种素材绝不能被简单地认为是体育教学内容。如果我们将体育教材等同于体育教学内容，那么就无法保证教学过程中的目标一致性，体育教材只是体育教学内容的参考，在教学的过程中，教师还应该根据体育教学的目标以及教学环境对教学内容进行筛选。体育教材化的意义可概括为以下几点：

第一，体育教材化是选择体育教学内容的依据和前提条件。在教学内容的选择过程中，可以选择一些与教学目标和学生的发展需要联系较为密切的知识作为教学内容，这样就可以避免教学内容繁杂，避免教学内容选择过程中目的性不强等问题。

第二，体育教材化是对较为宽泛的体育教学内容的加工，可以使体育教学内容选择的素材更趋近于教学目标和教学实际，消除体育教学素材与体育教学内容之间的差异，使体育教学内容的选择更具有目标针对性。

第三，体育教材化是对体育教学内容进行不断编排、整理、选择的过程，因此，通过体育教材化对教学内容进行加工，可以使所选择的体育教学内容具有整体性和系统性，体育教学工作者在教学过程中也能更好地发挥教学内容的教育作用。

第四，体育教材化能够通过对体育教学内容进行加工和整理，使原本抽象的教学内容具体化，更容易融入教学活动中，更容易被学生接受，从而使体育教学内容成为教学活动的依据，保证教学能够有条不紊地进行。

3. 体育教材化的基本层次

通常情况下，可以将体育教材化大致分为两个基本层次，具体如下。

一是编制体育课程标准和编写教科书。通常情况下，国家和地方教育行政部门组织专家负责这个层次的工作。具体来说，主要包括从各种身体活动的练习中筛选出素材，进行教材的分类、加工、排列等。

二是以课程标准和教科书为依据将教材变成学生的"学习内容"。一般来说，学校的体育教研组或体育教师对这个层次的工作负责。具体来说，主要包括以体育课程标准和教科书的要求与规定为主要依据，与所面对的学生的具体情况和教学条件的实际有机结合，把面对一般学生情况和一般教学条件的教材变成适合一个班的学生与本校场地设施条件的教材。

4. 体育教材化的内容

体育教材化的内容主要有四个方面，即体育教学内容的选择、体育教学内容的编辑、体育教学内容的改造与加工、体育教学内容的媒介化。前两个方面的内容已经在上一节有所阐述，这里主要对后两个方面的工作内容进行分析。

（1）体育教学内容的改造与加工

①文化的教材化方法。这种教材化方法是通过将竞技运动中的文化要素提取出来并加以强化，进而在教学中让学生通过各种文化性的要素对运动文化的情调和氛围进行充分的体验。一般来说，这种教材化的方法适宜作为技能的辅助教学内容，对于学生体验和理解体育文化性质是较为有利的，对于高中和大学的学生较为适用。

②变形化的教材化方法。变形化的教材化方法是指从基本结构方面对原运动进行改造，使其成为一种适应教学需要和符合学生特点的新运动，这也是变形化教材化方法的主要目的。当前的"新体育运动项目"就属于此类运动，这种教材化方法在处理那些高难度的运动项目或受场地器材制约很大的运动时往往能够取得理想的效果。

③动作教育的教材化方法。动作教育是一种体育教育思想和体育教材方

法论。动作教育的教材化方法有着较为显著的特点，主要表现为将一些竞技体育运动以人体的运动原理为依据进行归类，并且提出要针对少年的教材进行设计，其中比较典型的有教育性舞蹈、教育性体操。

（2）体育教学内容的媒介化

将体育教学内容媒介化是体育教材化的最后一个工作。将选出、编集、加工和改造后的体育教学内容变成载在某种媒体上的教材形式，就是所谓的体育教学内容的媒介化。

体育教学内容媒介化工作的形式有很多种，其中较为主要的有教科书（包括学生用体育教材和体育教学指导用书）、音像教材、挂图、多媒体课件、黑板板书、学习卡片等。这里重点对多媒体课件和学习卡片进行分析和阐述。

①多媒体课件。教师以体育教学的需要为主要依据，用体育教学内容编辑成的用计算机演示的系列材料，就是所谓的多媒体课件。当前，多媒体课件是体育教师常用的工具，究其原因，主要是计算机课件依靠计算机来演示动作，在速度调整、观看细节、多次重复演放，以及视觉听觉的艺术效果等方面都具有教师的讲解、示范所无法达到的教学效果。

②体育学习卡片。体育学习卡片是体育教材的另一种载体形式，是学生在体育课中使用的一种辅助性学习材料。这种形式比较适合体育教学特点。

（三）高校体育教学内容的变革思路

高等院校是造就德才兼备的人才的基地，增强学生体质是高校体育教学最重要的目的。要完成教学大纲规定的四条具体任务，即增强学生体质，加强基本知识、基本技能和基本技术的教学，首先要从变革教学观念、体育观念和效益观念着手，转变陈旧的观念，使体育教学保持特色，有所创新，有所提高。

1. 避免重复，增强体育内容的创新性

改变当前高校体育课程各自为战的局面，学术百花齐放是好事，但是在人才培养的教育质量上还是要体现出一定的严肃性和原则性。教育部门要在高校体育内容大纲的编写上统一，避免小学、中学、大学教学内容的重叠，根据学生的身体素质特点、运动项目的技术要求进行科学的衔接。在坚持原则性的情况下，选择体育教学内容应遵循体育学科自身的内在规律，把一些学生喜闻乐见的、健身性、娱乐性、时代性强的体育项目选入体育课程里，并对不同年龄阶段和学段的教学内容和要求有所区别，逐级化分。

2. 改变传统观念，创新体育教学内容

传统体育教学内容忽略了对高校体育健康教育的培养，强调对体育项目"技术性"动作的学习。新的体育教学内容要树立大体育观，要勇于突破传统的体育教学思维，在教学内容上突出对大学生的多元化培养，利用每学期理论学时或者阴雨天气，弥补技术动作学习的盲区，增强对大学生体育健康教育的培养，强调体育健康基础理论的重要性。大学生正处在身体发育的青春期，对大学生进行心理健康、运动损伤的预防与康复、运动处方等体育基础理论教学是十分必要的，能够增强大学生的社会适应能力。

3. 创新体育教学内容上课模式，提高学习兴趣

传统体育教学模式就是三部曲：课前准备（跑步活动）、课中练习（技术动作学习）、课后总结（课堂回顾），动作学习就是教师讲解、示范，然后学生练习活动。这样的上课形式使体育教师在备课、上课时省去了不少事，但对于学生来说则显得枯燥无味。体育教师要根据每节课教学内容的不同，创新教学教法以提高教学内容的吸引力。如枯燥无味的50米跑步身体练习，让学生重复练习50米肯定是不行的，可以把50米跑融入体育游戏活动中，比如短距离的直线分组对抗练习，以增强练习活动的趣味性，激发学生们的练习热情。

4. 合理的师资结构，满足教学场地器材

合理的师资结构有利于满足学生多样化的学习要求，能够开设更多的体育项目供学生选择，在体育教师人数不变的情况下，要加大对现有教师的培训工作，特别是对青年教师新型时尚体育项目的培训，要求每位体育教师至少能够胜任两门不同体育项目内容的教学，挖掘现有的体育师资资源，以满足不同教学内容要求。另外，增加体育活动场地建设，购置更多的满足教学需求的体育器材，这些都是提高体育教学内容质量的保障。

二、体育教学内容的未来发展趋势

（一）宏观思想方面

1. 正确处理好继承与改革的关系

应客观分析和评价我国学校体育走过的历程，特别是在改革开放20年间，我国学校体育发生的历史性变化，以及取得的显著成就。不应全盘否定不同历史时期存在的不同教育观念和教育模式。不应对引进的外来思想方法缺乏分析和批判，急于照搬照用。在肯定过去体育教学成绩的同时，也不应过分强调继承，沉迷于过去的成绩而不思改革和发展。这些不良倾向会使我国的体育教学改革缺乏明确的目标和突破口。

正确处理好继承与改革的关系，应用辩证唯物主义的观点去看待和理解发展中的体育改革，正确看待不同历史时期的教育观念和教育模式，正确理解外来的教育思想和教学方法。

作为21世纪创建和完善有中国特色的社会主义现代化学校体育体系的雄厚基础，在这个大平台上对传统的体育教育思想、教学实践进行符合时代特征的扬弃，将有助于体育教学改革向纵深发展。

2. 加快理论与教学实践整体性发展研究

体育教学改革与我们的初衷有偏差。这种偏差与对实践操作中可能会出现的问题未预留可调控的空间相关。解决理论研究与教学实践同步或整体性发展，是一项与体育教学指导思想、课程理论与结构、教学内容和方法、教学资源的开放等密切联系的全局性改革。各级体育行政管理部门和体育教研部门，在充分理解和认识此项工作重要性及其内容的同时，要认真组织实施并积累经验。只有不断探索经验并上升到理论，才能完善改革的理论体系并真正指导实践。

在加强学校体育科学研究的同时，要重视理论对实践的指导作用，用正确的理论去指导体育教学实践。要把体育教学改革真正引向健康和深入，有必要从整体和统一的观念重新领会体育教学改革的含义，引导广大体育工作者进行切实有效的改革实践，提高对学校体育思想、体育教学目标等基本问题的认识，使研究工作由浅显层次向纵深层次发展。加强对理论研究和教学实践中操作性研究相结合的探讨，提高研究成果的实用价值和科研横向联系，决策部门应积极推行指导重大改革的系列性研究课题。

3. 理解国外先进教育思想和了解中国学校体育现状

在学习和引进国外先进的教育观念与体育教育思想时，或在推广国内某个先进的学校体育经验与改革措施时，要全面理解国外先进教育思想的背景与实质，要充分了解不同时期中国学校体育的状况，冷静、客观、辩证地分析我国学校体育领域中的各种学术思想和改革主张，取其精华、融为一体、结合实际、为我所用。切忌肯定一切、全盘照搬，或否定一切、唯我独尊的做法。

具体应认识到以下几点：

首先，中国学校体育必须重视国家和社会的需要。

其次，中国的学校体育还不发达，对待发达国家的先进经验，既要认真学习和借鉴，又不能套用照搬，应充分考虑我国现有的基础和实际。

再次，中国的学校体育发展极不平衡，作为上级领导部门，应加强对学校体育改革的领导，不能用一个标准、一种模式要求和评价不同学校的改革，而要深入调查研究，脚踏实地地指导学校如何根据自己的实践进行改革。

最后，目前中国学校体育人治与法治并存，不考虑这一国情，学校体育工作就难以从根本上落实或有效地进行改革。

加快由应试教育向促进人的全面发展转轨。应试教育在中国有其深刻的社会根源，但社会发展的最终目的是人的全面发展。

社会进步的必要条件是人的全面自由发展，其显著特征在于人能自觉、能动和创造性地认识自然、改造自然和不断社会化，体育教育是整个教育过程中的重要组成部分，在实现人的全面发展的过程中具有不可替代的作用。体育工作者应具有高度的责任感，树立坚定不移的信念，不能简单脱离体育课运用运动技术掌握技能、增强体质这条主线而迎合学生在应试教育压力下利用体育课轻松快乐的要求。学校体育有教育功能和教育作用，有教育和引导学生增强体质、表现体育人文精神、掌握"三基"、克服困难等方面的责任和义务。

4. 重视体育教学资源的投入、利用与开发

人力资源的开发，既是教学改革的重点，也是影响改革的难点，应该从上至下下大力气去抓这项系统工程。一方面，学校应关心教师的职后进修和培训，鼓励和支持教师定期参加学术活动和交流，使体育教师的教育思想、教学理论、教学方法等适应社会的发展，与时俱进，不断完善知识结构、能力结

构，以适应现代教育的需要。同时，国家继续教育应提高标准，加强针对性和实效性。另一方面，教师应树立终身学习的自觉性。体育设施资源的开发，应从20世纪的体育教学中汲取宝贵经验，学校要因陋就简、因地制宜地利用有限的体育设施，以产生最大的使用效果。同时，各级教育管理部门应高度重视、积极推行有效政策，加大各级各类学校体育经费的投入。

体育教学内容的选择、分层与编排应在不违背学校教育规律或原则的前提下，因地制宜、百花齐放。革命性的"三自教学"——由学生自选教学内容、自选教师、自选上课时间，已在高校体育教学改革中启动，当务之急，应解决好"三自教学"和学校条件、教师陈旧的知识结构、应试教育追求的目标之间产生的矛盾。如何缓和学生与学校在体育设施上、师资水平上、教材选择上、教育目的上的矛盾，有的放矢地进行全面、系统、可操作性的研究，还有相当长的路要走，希望各级教育部门从培养人才战略的高度进行思考。

现代学校体育在改革中逐步形成了一些相对完善的思想体系和教育模式，也引起了学校体育教育思想几次大的碰撞和有益的研讨，人们的观点开始由"一元论"向"多元论"和"整体论"转变，即从大体育观出发，由传统的"生物学体育观"转向"生物、心理、社会三维体育观"，从更高的角度和层次去认识学校体育的功能目标，以取得更大化的整体综合发展效益。

经过20年的改革、讨论与实践，我国学校体育发生了深刻的改变。我们进一步认识到现代学校体育教育体系是一个具有多元化、多层次特点的复杂系统，构成这一系统的各个局部结构的功能和系统的总功能之间又存在着复杂的联系。应坚持辩证唯物主义和科学发展观，正确处理继承与改革、理论与实践、国际化与本土化的关系，切实加快具有指导意义的体育教学实践改革的进程。

（二）微观实践方面

1. 教学内容的学段分化和教学需求化发展

传统体育教学中，教师往往是简单地依据体育教学目标选择相应的内容，或仅仅教授体育运动项目技术，教学内容选择缺乏严谨性。

新时期的体育教学内容更加注重教学的科学研究，教师选择教学内容会考虑多方面的因素，如关注教学客观条件、关注不同年龄阶段与不同性别的学生的体育学习需求。

对于高校学生终身体育观念的建立和形成，高校体育在其中起着至关重要的作用。终身体育目标能否达成取决于学生参加体育所需的技能、知识和态度。所以，教学内容应当更加注重健身性运动文化的传递性与娱乐性，在健身价值和终身运动性强的运动项目中间做出选择。

2. 教学内容更加关注学生的教学主体性

受各方面因素的制约和影响，体育教学内容的选择并不是一蹴而就的，需要综合各个方面的因素进行考虑。在过去的体育教学大纲中，体育教学内容的选择与确定往往更依赖教育工作者对于教学内容的价值取向，因此，重视的仅仅是教师的教。而随着体育教学改革的进行，越来越多的人开始重视学生对体育教学内容的价值取向，根据学生的学而进行体育教学内容选择的方式越来越普遍。

目前，体育教学逐渐摆脱了传统的以实现体育教师的教学而选择体育教学内容的做法，逐步转变为教学内容的选择服务于学生的学习，从学生的实际情况出发，重视学生的价值取向，即学生的学。

3. 教学内容更强调对学生综合素质的促进

传统体育教学，更多的是为发现和培养竞技体育人才服务，体育教学内容多是专业化的体育运动训练技能，更关注学生的体能、技能训练和达标。

新时期，体育教育更多地关注学生的身心健康和全面发展，同时，新时期教育的根本目的在于培养适合社会发展的全方面发展的人才，在素质教育背景下，体育教育关注学生综合素质的提高与发展，新的"以人为本""健康第一""终身体育"教育理念指导下的体育教学内容选择，应该更加关注选择那些对于学生素质的全面发展（身体、心理、智能、社会适应能力等）有利的体育教学内容，将其纳入现代体育教学课堂。

4. 教学内容更注重学生的终身体育培养

在传统体育教学中，教师注重学生竞技能力的发展，竞技性体育教学内容过多。

现代体育教学，强调促进学生终身体育知识、技能的培养，关注学生的长远发展。体育教学内容教授与传播为学生的终身体育服务，而非竞技化技能的不断提高。围绕终身体育教育教学总目标的实现，体育教学内容的选择应处理好健身性、运动文化传递性和娱乐性之间的关系，与学生生活相贴近，并关注学生的自我体育参与指导。

5. 更加注重体育运动的规律性

以往在选择体育教学内容时总是根据各个体育项目中之间逻辑关系进行选择，但事实是体育教学内容的逻辑性几乎是不存在的，所以这种方法是不科学、不合理的。因此，在未来选择体育教学内容时，要注重寻找体育学科当中存在的一些规律，在体育课程中挑选学生喜欢的，富有时代性的，并且根据年龄和学段的不同，在教学内容上加以区分。

6. 更加注重教学主体发展的全面性

在传统体育教学理念和模式下，以往的体育课程大都是以提高学生跑、跳、投等身体素质为目的的一种体能达标课。新的教学改革大纲出台之后，学校教育更加强调素质教育，学校对于学生素质的全面发展肩负着无比重大的责任。在选择与确定体育教学内容时，同样要符合素质教育的要求，使学生在身心方面都能获得全面的发展。

7. 不断引进民族特色项目

通常情况下，富有趣味性和新奇性的运动项目总会受到广大学生的青睐。因此，在选择与确定体育教学内容时也要注重推陈出新，改革与发展一些新颖的运动项目。除此之外，我国多民族的特性决定了各个民族都有其出色的民族特色体育项目，这些民族项目既各具特色又有良好的健身价值，在体育教学内容的选择中应适当根据具体情况加以选用。

第五章
高校体育教学方法的发展与创新

随着时代的发展,科技的进步,新课改之下的体育教学也应该运用现代化的教学设备进行教育方式的创新。高校体育教学必须创新思维,重视互联网、多媒体等教学资源的利用,创新教学方法,解决传统教学中枯燥、单一等问题,丰富教学要素,建立完善的教学模式和考核机制,推动高等院校体育教学质量的提升。

第一节　多媒体技术在高校体育教学中的运用

近些年随着社会的进步,多媒体技术发展迅猛,因其显而易见的优点,日益引起人们的广泛关注和使用。利用多媒体网络技术进行课堂教学即为多媒体网络教学,其直观、形象等诸多优点为教学开创了一片新天地。但它绝不是万能的,且凡事有利就有弊,我们要客观地认识它,对其加以合理运用,否则,它就会变成一把双刃剑。

一、多媒体网络技术的内涵

"多媒体"(Multimedia)是指"与计算机控制有关的领域,该领域包括文本、图形、静态和动态的图像、动画以及任何能够将各种类型的信息数字化的再现、储存和处理的其他媒体"。"网络"(Network)是指"将地理位置不同且有独立功能的多个计算机系统,通过通信设备和通信线路连接起来,在网络软件的支持下实现彼此之间的数据通信和资源共享的系统",又叫"计算机网络"。"多媒体网络环境"指的是在广域网(Internet)中可以进行文本、图形、图像、动画、音乐、声音等各种信息处理和组合的数字化环境。

二、多媒体网络教学的优点

①直观性:能突破视觉的限制,多方位地观察对象,并能够根据需要突出

要点，有助于理解和掌握，如高等职业学校的机器设备课，当某些设备无法看到内部构造时，可以制作或下载相应的课件，给学生进行演示，增强其感性认识，提高教学效果。

②图文声像并茂：多媒体技术所具备的声、形、光、色这种特质，在课堂教学中可以启迪学生的智慧，激发他们的奇异想象，多角度调动他们的情绪、注意力，提高学习兴趣。

③动态性：有利于反映事物的发展过程，能有效地突破教学难点。

④互动性：借助多媒体网络环境，实现了灵活的"人机对话"。能让学生更多地参与，学习更为主动。

⑤信息量大：教师不用当堂课板书，所讲内容基本都体现在多媒体上，节约了空间和时间，提高了教学效率。

⑥可重复性：多媒体中的教学内容可以重复播放，不仅可以减少教师工作量，还有利于突破教学中的难点。另外，教师还可把课件通过网络传给学生，便于他们课下消化和复习。

⑦针对性：使针对不同层次学生的教学成为可能。

三、发展趋势

（一）促进目标转化

多媒体网络本身属于"媒体技术"范畴，具有承载和传播信息的一般媒体功能。但多媒体网络是一种特殊的"媒体技术"，其特殊性主要表现在：一是其承载和传播的信息形式是多种类的，包括文、图、声、像多种媒体信息，覆盖教学系统的各种要素信息，具有全面性；二是提供了各个部门、各类人员、各项工作、各个环节和各种要素信息之间联系的信息通道，而且这种联系是多向的、交互的；三是信息传递的高效性，多媒体网络是高带宽、高速率网络，是典型的信息高速公路，保证了联系的快速沟通；四是形成了系统整体结构、全方位要素信息及其高效联系，形成了系统整体。

多媒体网络运用于教学中，可通过各种教学信息资源的检索、设计、处理和传递，有利于教学过程和教学资源的设计、开发、利用和管理，促进"媒体技术"功能向"系统技术"目标转化，实现教学过程的优化，这正是多媒体网络不同于以往任何媒体技术的重要特征。

（二）教学模式多样化

多媒体网络的出现和运用于教学的时间虽然不长，但由于其强大的功能，广大用户迅速开发和应用，使基于多媒体网络的教学方式已出现多种模式。

按照教学的基本组织形式划分，多媒体网络教学可分为课堂讲授模式和自学交互式模式。前者以辅助教师的课堂讲授为主，所开发的学习软件一般称为"讲授式"课件；后者以辅助学生的自主学习为目标，所开发的学习软件一般称为"自学交互式"课件。自学交互式模式亦称为个别学习模式。

按照教师在实际中使用的多媒体网络技术来教育学生的方式划分，多媒体网络教学有教学呈现、模拟演示、交互性视频、探索与发现、项目制作等模式。不仅可以把课程中枯燥的概念和信息用图片或视频来展现，以简化问题、增强说服力，还可以通过增强教师与多媒体计算机的交互作用来提高教学效果。它突破了传统课堂教学的人数及场地限制，只要是能上网的用户都可以参与学习，网上的学习者可在同一时间聆听教师讲授，并可进行师生间一些简单的交互。

（三）向交互式、智能化、全球化方向发展

交互式是多媒体网络教学发展的必然结果。随着多媒体网络教学不断深化，必然要求多媒体向交互式、非线性方向发展，其直接的初步成果是超媒体和虚拟现实技术的出现。超媒体是指以多种媒体形式呈现信息，并以某种非线性方式进行控制。虚拟现实是多媒体向交互式发展的更高层次，是多媒体技术最终发展的趋势。虚拟现实，是一个高度交互的、以计算机为基础的多媒体环境，使用者在其中成为"虚拟真实"世界的参与者，从而使计算机从用户的头脑中消失，只能体验到由多媒体计算机产生的像现实一样的环境。

智能化是多媒体网络教学向深层次发展的客观要求。尽管多媒体网络教学迅速发展，大量多媒体课件和多样化的教学模式被开发使用并取得较好成果。但人们在开发使用的过程中发现，这些系统始终存在一些。因而需要未来系统能够做到：第一，实现友好和自然的人机对话，能够通过人类的自然语言来进行人机对话，更深入地了解学生的理解状态，学习环境更自然，使学生能较方便地学习知识和规律，并表达自己的认识和要求。第二，能检测和判断学生犯错误的原因并给予适当的指导和纠正。第三，对未预期的提问和错误能给出合理的反馈，包括理解学生的反应、评价学生的猜测是否合理等。第四，不断积

累教学经验，并能针对具体情况及时调整系统的教学策略等。

全球化是多媒体网络教学发展的必然趋势。在互联网已连通世界各地、Internet站点遍布全球的当今时代，无论是校园网、多媒体教室局域网，还是单台多媒体计算机，不与广域网连接、不利用Internet上无限丰富的信息资源，是不可思议的。基于Internet的新型教学，突破了局域网多媒体教学在资源、距离、规模上的限制，将多媒体网络教学推向全球，"开放大学""虚拟学校""全球教室"等一批新型的教育教学系统迅速发展。

四、多媒体网络教学平台在高校体育教学过程中的应用

（一）建立体育教育专业网站

传统的体育课程教学虽然有明显的优势，但是在新时期，单纯地应用传统的方法进行教学并不能达到良好的效果，开展网络教学并不是对传统教育教学的否定，而是积极探索新的教学模式。多媒体教学平台将会满足现代教学的需求，在高校体育教学过程中可以运用一系列的知识理论为基础，在学校内部建立体育多媒体网络教学平台，让学生可以从网络上收集到更多有用的学习信息，通过多媒体网络教学平台，使学生教育进入新的阶段。同时，学校应该注重教育信息的完善，对各种相关的体育教学软件进行应用，建立全国性体育网站，并且在网站之间实现互联，形成全国性的教育网络，真正改变学生的学习习惯。另外，从学校的角度来讲，学校应该就建立自己专门的体育网站，建立自己的体育教育主页，在网站内容方面，应该提倡所有的体育教师都积极参与进来，让网站的内容更加丰富，涉及更加广阔的范围。为了激发学生的学习积极性，还可以定期组织体育成绩比较不错的学生发表与体育相关的文章，通过筛选，选出一些比较优秀的文章放在网站上，供更多学生学习、参考。

（二）创新教学方式

高校体育教学过程中，教师应该要根据学生的个体实际情况开展教学，让学生明白体育课程的独特性、趣味性，从而不断提高学生在体育课程学习过程中的热情和积极性。在多媒体时代，体育教学模式也可以不断创新，利用多媒

体网站开展创新教育，教学平台中的核心模块主要是为了辅助高校教学过程，在本模块中应该包含关于本课程的介绍、课程安排、教案设计、课件下载、教学视频直播等子模块，每一个子模块都具有不同的作用，教师可以根据教学进度、教学需求选择教学平台中的不同的子模块开展教学。比如，对于教学过程中的一些难度比较高的战术动作，可以采用视频方式进行展示，让学生能够更加直观地看到这些动作的细节，从而可以更好地掌握各种动作要领。再比如，在教学过程中可以开展微课教学，教师将教学过程中的一些重点和难点内容制作成微课视频，让学生对体育课程的重点和难点内容有所了解，并且能够在课后对这些难点与重点内容进行学习，真正提高学习水平。

（三）提高体育教师的网络信息化能力

互联网是一种新颖的高科技产品，在教育教学过程中，教师对互联网技术、计算机技术的掌握能力将会直接影响教学质量，有的教师对计算机和网络知识比较熟悉，也能够更加熟练地进行各种网上操作，利用计算机实现人机、人与人之间的有效沟通，但是，有的教师的信息技术水平较低，对这些新技术的掌握不到位、不熟练。因此，必须要加强对教师的培训教育，不断提高教师的网络信息化能力，运用网络技术，在网络教学中突出学生的主体作用，让学生能够更加主动地学习。同时，网上的体育教学信息可能会发生无序化情况，这也需要教师要具备较高的信息化能力，对网络中的信息进行整合、分类，让学生能够一目了然地了解这些网络信息，给学生提供正确的学习方法、学习资源，提高其自学能力。

（四）改善传统的评价模式

在高校体育课堂教学改革过程中，要形成配套的考核与评估体系，对传统的考核评价模式进行改进。游戏教学法的应用，使得体育教学模式发生改变，课堂氛围发生改变。因此，必须要转变传统的评价模式，开展综合评价，对学生的综合能力进行考评，尤其是在互联网教学背景下，学生的学习环境发生了改变，在对学生进行考核的时候，也不能完全按照传统的方法进行考核，必须要契合新时期的教学特点。比如多考核学生在日常实践练习过程中的表现，对学生的组织能力、团队协作能力等进行考核，不能只是看期末的考试成绩，实现对学生的全面考核与评价。

（五）加强交互

在多媒体网络教学平台应用过程中，多媒体平台为学生的学习奠定了坚实基础，也给学生提供了交流与沟通的渠道。学生与学生之间、学生与教师之间可以通过互联网平台、社交软件等进行实时交互，教师可以对学生进行答疑，学生之间相互交流也能拓展学生的思维和眼界，从而有效提高学生学习水平。

综上所述，学习兴趣是学习的基础，高校体育教学对学生的发展至关重要，传统的体育教学理念陈旧，方法单一，对学生的学习积极性有很大限制。在体育教学过程中，应该要不断培养学生的学习兴趣，从改变教学模式、设计课堂情境、改变教学评价模式等方面着手，加强对多媒体教学平台的应用，真正改变学生的学习模式，让学生能够从网络中获得更多的学习资源，有效提高体育学习水平。

五、体育多媒体CAI课件设计

体育课件的结构主要包含两个主要部分，即原理教学模式与训练教学模式（图5-1）。而对于体育多媒体CAI课件而言，总体的结构组成是高校体育教学内容与高校体育教学目标，其主要目标是使学生掌握体育基础知识和基本技术、技能，使学生的身体素质得到增强，使学生的良好思想品德得到培养，促进学生观察能力与模仿能力的提高（图5-2）。而体育多媒体CAI课件的主要内容由理论课与实践课构成，它的主要课件教学内容结构具体如图5-3所示。

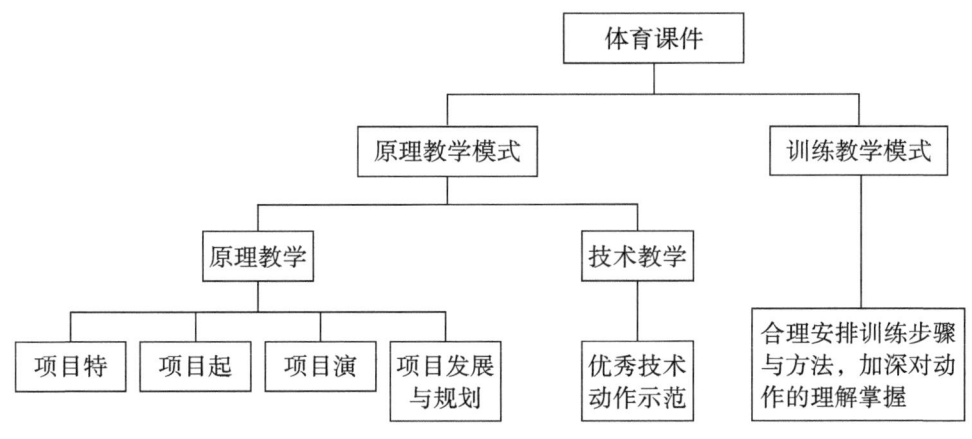

图5-1　体育课件结构图

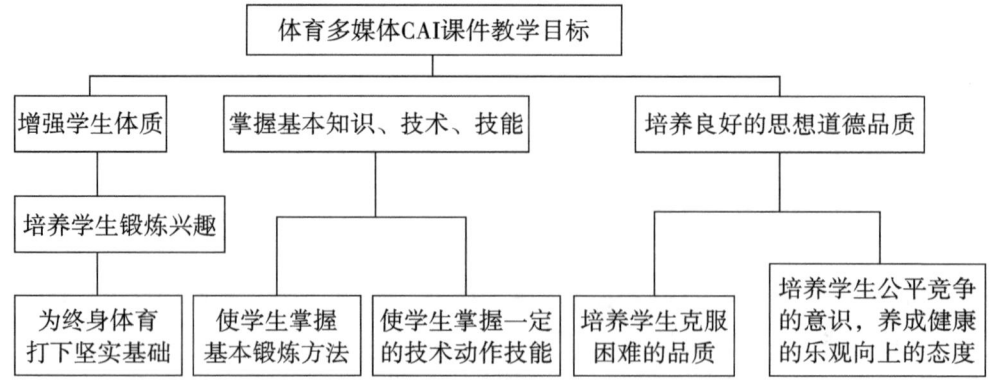

图5-2 体育多媒体CAI课件教学目标结构图

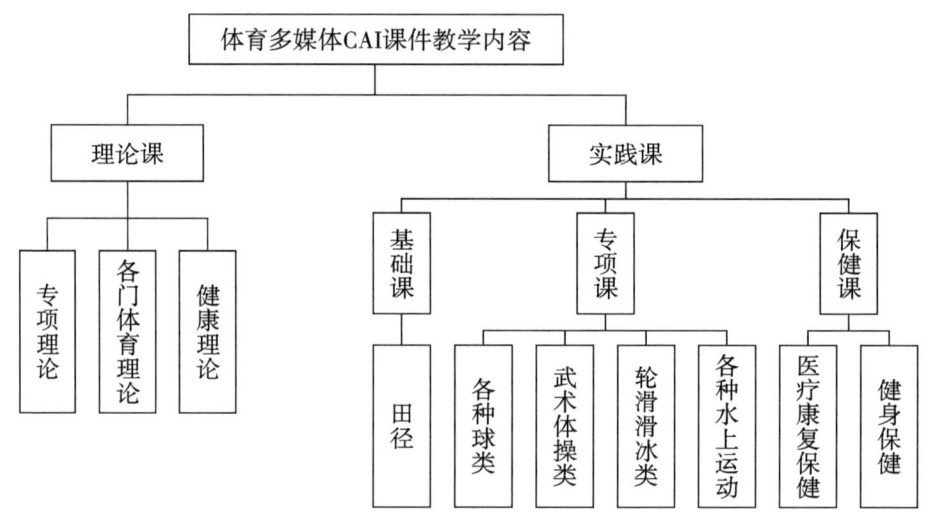

图5-3 体育多媒体CAI课件教学内容总体结构图

（一）体育多媒体CAI课件设计步骤

体育多媒体CAI在设计的过程中，主要包含四个主要步骤，具体内容如下。

1. 第一阶段

在体育多媒体CAI课件进行设计的第一阶段，首先要对题目进行确定。之所以对题目进行确定，目的在于对课件设计所依据的规范进行了解。

2. 第二阶段

在体育多媒体CAI课件设计的第二阶段，要对脚本进行撰写。撰写脚本的目的是对高校体育教学的内容进行安排。主要由具有丰富教学经验的高校体育教学者或作者负责撰写。

3. 第三阶段

在体育多媒体CAI课件设计的第三阶段，需要编制软件，在前两个阶段中还只是纸上谈兵，但是在这个阶段，不再是字面上的，而是课件的实际材料。在这一过程中需要做的工作有三项，即：①通过对多媒体编辑工具的利用，对多媒体数据进行确定；②通过多媒体的著作工具对多媒体课件进行制作；③对相关的程序进行编制。

4. 第四阶段

在体育多媒体CAI课件设计的第四阶段，需要测试、检验。当完成了体育多媒体CAI课件的开发、设计工作以后，就需要进行测试、检验。主要目的在于对体育多媒体CAI课件的运行情况进行测试，从而对课件能否达到规定的目标进行测验。

（二）体育多媒体CAI课件的设计方法

体育教师在开始制作体育多媒体CAI课件之前，应该对课件设计工作的重要性进行明确。现阶段，有一些体育教师不能把握体育多媒体课件的精髓所在，只是一味地去追求最新的科学技术，一不小心就将体育多媒体课件的性质进行了改变，使之成为多媒体成果展示，这样是不够正确的。之所以出现这样的结果，主要是因为没有对高校体育教学中体育多媒体课件起到的作用进行明确。需要注意的是，在高校体育教学过程中，体育多媒体课件发挥的作用不是主要的，而只是辅助性的。在体育课堂教学开展的过程中，教师仍然发挥着主导作用。只要将体育多媒体CAI课件的设计工作做好，才能够制作出更多优秀的课件。所以，在设计体育多媒体CAI课件的过程中，可以考虑从以下几个方面进行考虑。

1. 从体育多媒体CAI课件的可教性考虑

对体育多媒体CAI课件进行制作的主要目的是使体育课堂教学的结构得到优化，使体育课堂教学的效率得到提升，在保证促进体育教师教的同时，还要促进学生的学。所以，在设计体育多媒体CAI课件之前，我们应当对其存在的教学价值进行优先考虑，也就是说，对于这堂课是不是有必要使用体育多媒体CAI课件进行考虑。通常来讲，如果仅仅使用传统的高校体育教学方式就能够使良好的高校体育教学效果得以实现，那么花费大量的精力对体育多媒体CAI课件进行设计就没有必要。所以，在制作体育多媒体CAI课件的内容以前，应该尽可能地对那些不存在演示实验，或者是演示实验不容易做的高校体育教学内容进行选择、应用。

2. 从体育多媒体CAI课件的易用性考虑

对于体育多媒体CAI课件而言，应该能够清楚地表达出高校体育教学的目标、高校体育教学的步骤与高校体育教学的具体操作方法。同时，有一点需要注意的是，即在同本机脱离的情况下，在其他的计算机环境中，体育多媒体CAI课件也能够运行成功。因此，需要对几个方面具体的内容进行注意。

（1）便于安装，随意拷贝

首先，体育多媒体CAI课件应该保证启动比较快速，避免出现体育教师和学生焦急等待的情况。其次，体育多媒体CAI课件应该尽可能占据较小的容量，需要注意的是，对于体育多媒体CAI课件越大越好的错误观念必须要更正，伴随网络技术的日新月异，体育多媒体CAI课件最好在网络环境下运行。

（2）操作界面简洁

对于体育多媒体CAI课件而言，其操作界面应该包含一些具有明确意义的按钮和图片，同时，还要能够通过鼠标进行操作，对于一些特殊的情况避免发生，如键盘操作复杂等。此外，应该合理设置体育多媒体CAI课件各个内容部分间的转移，保证方便地操作跳跃、向前与向后等步骤。

（3）运行稳定

体育多媒体CAI课件在运行过程中应该保证一定稳定性的存在，如果体育教师在执行体育多媒体CAI课件时做出了错误操作，那么就十分容易产生退出的情况，也会出现计算机重新启动的情况。因此，在体育多媒体CAI课件具体的操作过程中，体育教师应该尽可能地使死机的情况较少出现，甚至不出现，保证体育多媒体CAI课件运行过程中稳定性的存在。

（4）交互应答及时

在体育多媒体CAI课件运行过程中，应该保证及时地进行交互应答。而不能将体育多媒体CAI课件等同于电影。同时，体育教师应该高度重视学生的学，使学生学习的过程是循序渐进的，为学生留出更多的思考余地。

3. 从体育多媒体CAI课件的艺术性进行考虑

对于一个体育多媒体CAI课件而言，它的演示在保证良好高校体育教学效果的同时，还应该是令人愉悦的，只有这样才能够将美的享受提供给体育教师与学生。如果上述的两项因素都能够保证，那么就表示这样的体育多媒体CAI课件存在着较强的艺术性特征，完美地融合了优秀的内容和优美的形式，但值得我们注意的是，想要实现这两个目标一点儿也不容易。想要实现这些内容，体育教师不仅应该具备一定的美术基础，还要存在一定的审美情趣。所以，如果在这一方面存在过高的要求，就很难顺利实现的。

体育多媒体CAI课件的艺术性特征主要的表现是：具有柔和色彩的操作界面，科学合理地进行搭配，画面应该同学生的视觉与心理产生共鸣；为了能够将更加逼真的图像呈现出来，可以考虑使用3D效果；对于画面的流畅性要做出保证，避免出现停顿、跳跃的现象，需要注意的是，体育多媒体CAI课件画面中最多只能存在两个运动对象；此外，不仅要存在优美的音色，还必须通过适宜的配音进行辅助。

第二节 慕课在高校体育教学中的运用

慕课，是视频与练习结合的一个学习平台，也是利用互联网技术教学的一种教学方法。该种教学方法是近年来才提出的一种新型的教学方法，支持大规模的学生随时随地地学习。与传统教学模式相比，慕课为学生提供了更好的学习平台，帮助学生更好地了解体育知识点，提高了学生的学习积极性与学习欲望，从而达到教学目标。

一、慕课的概念

（一）授课形式

慕课不是传统的面对面教学形式，而是一种将在世界各地分布的学习者与授课者通过某一个共同的主体或者话题而联系在一起的方式方法。

几乎所有慕课的授课形式都是每一周话题研讨的方式，并且只会将一种大体的时间表提供给授课者与学习者，但是一般来讲，慕课课程都不会对学习者存在特殊的要求，一般会进行说明的内容比较简单。例如，阅读建议、每一周进行一次的问题研讨，等等。

（二）主要特点

1. 规模比较大

所谓的规模比较大特点，指的是网络开放的大规模课程，而不是以个人名义对一两门课程进行发布。我们这里所说的网络开放的大规模，通常是指那些参与者发布出来的课程，这些课程一般会被人们称作是大规模的课程或者是大型的课程，慕课的典型形式就是这些课程。

2. 开放的课程

所谓的开放的课程，一般会对创用（CC）协议严格遵守；可以说，开放的课程，就能够被成为慕课。

3. 网络课程

网络课程的相关材料通常在互联网上散布，而不是面对面的课程。此种课程的显著特征就是没有上课地点的特殊要求。例如，如果你想对美国大学的一流课程进行享受，那么不管你处在什么地方，不需要花费太多的金钱，只要有网络连接与计算机存在就能够实现。在一篇评论文章中，斯坦福大学校长约翰·L·汉尼希（John L. Hennessy）曾经表达过这样的观点："即由学界大师进行授课的小班学习课程存在的水平依然很高，但是，经过证实，网络课程也是一种能够获得高校成果的学习方式。如果相比于大课的话，结果也是仍旧一样的。"

二、慕课在高校体育教学中的应用

（一）高校体育教学中慕课的应用价值分析

自慕课引入我国以来，已经过了很长的一段时间，同时，对于此种新式的教学方法许多的学校都开始进行尝试，然而，慕课在高校体育教学方面的应用非常少。实际上，慕课的教学方式在高校体育教学方面也是非常适用的。

随着社会网络的日渐发达，人们每一天都会上网，不管是对网页进行浏览，还是刷微博，我们都必须要承认的是，网络在现代人们生活中承担的责任越来越重要。而对于慕课而言，就是对于此种现状进行利用，在学习开展的过程中充分利用网络条件。

除此之外，作为一种学习方式，慕课还具备一定的主动性特征，任何人的监督与强迫都不会对其发生作用。按照自己的个人兴趣爱好，使用者可以选择、学习自己喜欢的运动。同时，慕课所拥有的资源范围是非常广泛的，在高校体育教学开展过程中对慕课进行应用，教师和学生还可以实现对国外高校体育教学资源的分享与使用。

现阶段，学校体育课的开展形式主要是体育教师授课、学生接受学习，即高校体育教学课堂教学中，教师首先进行讲解、示范，之后学生再进行练习。然而，我国大多数体育课的开展时间一般是45分钟，当体育课的准备活动做完以后，由体育教师进行体育技术动作的讲解与示范，但是，一堂体育课的时间已经耗费很多，学生们的练习活动无法在剩下的时间展开。然而，对于这个问题，慕课就能够很好地进行解决。

当体育课堂教学结束以后，学生在课后就能够自行复习。体育微课视频包含真人操作与讲解，能够帮助学生对于白天体育课堂学习的动作进行复习与记忆。尽管高校体育教学时间长达一个半小时左右，学生能够拥有足够的时间去学习、练习体育运动技术，但是，他们只能对每门体育课修习一次，由于基本上每一个学期所要学习的内容都是相同的，但是学生会存在差异，不利于一部分学生深入开展学习、练习。

在高校体育教学中应用慕课的教学方式，不仅能够保证学生深入学习活动的开展，还有利于学生自己掌握学习进度。同时，由于慕课中存在的学习资源是非常丰富的，有利于学生寻找到适宜自己的运动方式。例如，对于一部分学生而言，可能剧烈的运动不适合他们，所以，他们能够在慕课中寻找比较适合自己的运动，如此一来，不仅能够避免损伤自己身体的情况发生，还能够使体育锻炼的目的顺利实现。

实际上，如今许多家长也比较重视学生的体育锻炼问题，为了保证孩子的健康成长，家长总是喜欢带着孩子从事散步、晨练等体育锻炼活动。然而，这些体育活动的效果能够真正实现吗？大多数的时候，人们通常会认为，只要自己参加体育锻炼了，那么就会有益自己的健康发展。然而，需要注意的是，如果人们不能应用健康的方式开展体育锻炼的话,那么在浪费了体育锻炼时间的同时,还会在一定程度上造成身体伤害。如果在高校体育教学中应用慕课的方式,那么在体育运动锻炼的过程中,参考标准的动作去完成体育锻炼,这样就像是一个专业的私人教练陪在自己身边,并对体育锻炼活动进行正确的指导。

(二)基于慕课的高校体育教学应用原则

在高校体育教学中运用慕课,虽能够发挥出诸多优势,但在教学设计中,应遵循一定的原则,才能确保这些优势真正地体现出来,继而才能优化高校体育教学,并有效强化学生的体育素质和能力。基于慕课的高校体育教学应用原则,总结包括以下几点。

1. 内容采取多媒体展示的原则

在体育教学内容展示时,体育教师运用多媒体方式进行呈现,能够将乏味、抽象且难以理解的体育知识转化为动态的视频,便于学生直观地理解和形象地感知,不仅有利于体育教学活动的有序推进,还有利于学生的深化理解。通常情况下,高校体育慕课设计是采取众多微课联通创建成完整且具体的慕课形式,并且各个微课中的知识内容是严格按照教育大纲要求进行制定,但为强化课件的趣味性,并丰富课件的内容,应采取多媒体方式呈现和传授体育教学内容。例如:体育教师运用比赛视频、训练视频等组织教学活动,并利用视频软件中的慢放、回放、重复放等方法,对体育技术难点和重点进行细讲和精讲,确保高校学生可以深入理解和掌握体育技术动作和技能。同时,体育教育者应利用慕课中的点评测试系统,对大学生掌握运动技能的真实水平进行评判,随后借助于多媒体技术进行完整输出,以此发挥慕课作为辅助教育形式的积极作用,从而全面优化体育教学设计,进而有利于提高体育课堂教学质量。

2. 体育知识点合理选择的原则

体育知识点选择合理与否直接影响体育教学效果的好坏。在体育慕课教学实践中,体育教师应根据体育教学大纲要求,并考虑体育教育现状,对不同的体育技能知识点进行排序以制作慕课,以便学生循序渐进地掌握体育知识和技能。同时,慕课制作需要充分考虑学生的兴趣爱好,以便学生能够积极参与到慕课自主学习中,如此才能发挥大学生的主观能动性,从而有利于体育教学效果的优化和提升。因此，体育教师应全面了解体育课程中的知识点，并要全面且深入地了解学生的兴趣爱好和习惯，以便在慕课制作时层次化设置知识点，以此循序渐进地引导学生，确保其可以快速掌握相关体育知识点。例如：在体育篮球知识教学中，部分女同学缺乏对篮球知识的认知，并且只有极少部分的学生接受过正规的篮球训练。而传统篮球教学以运球和传球等基本体育技能为切入点，要求学生反复进行练习，难以客观评价学生的真实水平，并不利于学生篮球兴趣的培养。而利用慕课教学形式，可以让学生学习著名篮球运动员的投篮和运球课程，在此过程中，可以潜移默化地帮助学生培养运球和投篮的手感，并可以通过同学之间的协作练习，增强体育技能训练的有趣性，便于激发学生参与体育训练活动的积极性和主动性，从而有利于体育教学效果的优化和提高。

（三）慕课应用在高校体育教学中的未来发展

慕课的教学方式源于国外，在我国的高校才刚刚开始起步，而且有一些内容对于我国高校而言是不适用的，必须要经过一定时间的磨合才能够同我国的教学理念相适应。

基于这样的形式，我国大部分高校应该按照自己学校的特点自行录制慕课视频。同时，录制慕课视频，可以是多个学校的教师共同参与录制、讨论，然后对多个优秀的视频进行选择，并且上传到网络，方便学生进行观看、下载、学习。由于不同的教师在讲课的风格与方式上也会存在不同，而教师们录制的慕课中包含多个教师的教学课程，那么学生就能够选择最适合自己的教师。此外，这样的方式能够避免大课参与人数多的情况，还能够有效改善学生听课效果不佳的情况。同时，同一学科由多个教师进行录制，能够使比较与竞争更加容易形成，能够帮助学生更加仔细地观察自己的缺点，使高校体育教学质量得到提高。因为慕课在高校体育教学中的应用主要以网上教学为主，所谓的监督制度是不存在的，因此要求学生的自主学习能力是比较强的。在高校体育教学考核的问题上，可以不再使用计算机考核的方式，体育教师组织学生开展网络学习以后，再安排传统方式的考试即可。只有这样，才能够使学生通过计算机检测进行作弊的情况得到有效避免。此外，还能够检测学生通过慕课进行学习的效果。需要注意的，对于慕课的教学，教师与学生应该摆正认识。

对于慕课教学而言，并没有完全地解放教师。例如，在高校体育教学开展的过程中，通过慕课教程开展教学的方式是可取的，然而，如果学生出现一些疑问，也只能是对同一个视频进行观看。因此，教师与学生之间的定期交流应该存在，如此一来，不仅能够使教师和学生之间的感情得到增进，还能够对学生的学习产生一定的帮助。尽管我国对于慕课的应用还处于刚刚开始发展阶段，然而，在现代网络发展的背景下，慕课的发展是一种必然趋势。将慕课应用在高校体育教学中，能够给教师未来教学的开展带来一定的启示。需要注意的是，在使用慕课方式开展高校体育教学的时候，还应该同国内的高校体育教学情况相结合。

例如，在篮球运动课堂教学开展的过程中，不仅要对手上的动作进行教学，还要对脚上的动作进行教学，更重要的是还要将两者的教学活动紧密地联系在一起。因此，在制作相关慕课的时候，不仅要将这些动作进行分解，还要有一个规范的整体动作，以便于学生学习活动的开展。查阅相关的文献资料可知，尽管国内已经引入慕课的教学方式，但是慕课在高校体育教学中的应用还不广泛，如果想要构建一个体育慕课的完整体系，那么就需要具备相关的慕课教程。一般来讲，由国外引入的教学资源通常都是外语，存在大量的体育专业名词，导致学生在理解上容易出现困难。面对这样的情况，在制作慕课的时候，可以聘请我国国内优秀的体育教师结合具体的教学情况进行制作。此外，针对制作慕课的情况，还要对一定的标准进行设定，如果慕课没有达到标准，那么就不能够被使用，这对于慕课的进步与发展是非常重要的。

第三节　微课在高校体育教学中的运用

高校体育课堂教学采用微课教学模式是推动体育教学现代化发展的重要途径，可以让学生获得多元化的体验，提高学生学习的积极性，打破传统体育课堂教学的限制，增强体育课堂教学的活力。

一、微课的概念

（一）微课概念

所谓的微课，主要是指以视频的方式把教师在课堂内外教学活动开展过程中传授的教学环节，或者强调的主要知识难点与重点进行展示的新型教学资源。微课作为一种全新的教学模式，能够使学生的碎片化学习活动随时随地地展开。

（二）微课的组成

对于微课而言，其组成内容的核心就是示例片段，也就是课堂教学视频。不仅如此，也有同某个教学主题相对应的辅助性教学资源，如素材课件、教学设计、练习测试、教师点评、教学反思和学生反馈，等等。在一定的呈现方式和组织关系下，它们共同营造了资源单元应用的"小环境"，而这里所说的资源单元具有的显著特征是主题式的半结构化单元资源。因此，微课同传统单一资源类型的教学资源之间是有一定的差异存在的，主要表现在教学设计、教学课例、教学课件与教学反思等方面。同时，微课与上述的这些教学资源之间存在一定的联系，即微课作为一种新型的教学资源，其发展基础就是上述的这些教学资源。

（三）微课的特点

1. 碎片化

微课视频时长一般在10分钟左右，将课程教学过程通过录制清晰的视频的方式进行呈现。一堂传统课堂教学的时间是45分钟，而原有的段状课程在微课的作用下，逐渐向点状课程转变，促进了更加精华、细致课程内容的出现。因此，学生除了课堂的教学的时间以外，还可以利用课外的其他的零散时间，例如，当学生排队等待就餐的时候，可以利用这一小段时间进行学习。所以，微课的显著特点之一就是碎片化。

2. 突出重点

基于学生的学习特点，在微课显著碎片化特点的影响下，对于教师的教学能力，微课也提出了更高的要求。在微课视频的10分钟展示时间内，要求教师将严谨的逻辑性进行体现的同时，还要将课程内容的重点与亮点凸显出来，真正地抓住学生的学习重点所在，才能够更好地激发学生的学习兴趣。

3. 较强的师生交互性

微课作为一种新鲜的课堂形式，它的出现在满足学生知识渴求与猎奇心理的同时,还能够有效改善传统教学模式中教学内容单方面输出的情况。在微课教学开展的过程中,教师与学生之间的互动得到加强,不仅及时收集了学生课程学习的兴趣点,同时对于学生存在的疑问,教师也能够及时回答。这无疑会为教师课程后期的设计提供便利条件,使其能够同现阶段学生的知识渴求得到一定的满足,进一步提升课程的教学效果。

4. 能够反复多次使用的教学资源

在微课的模式下,学生能够按照自身的实际需要,对体育学习活动随时随地的展开。例如,在课程开始之前,学生可以通过微课来预习运动技能、巩固难点和重点、练习课后的动作,等等。上述的这些微课学习途径,在进一步提升教学效果的问题上都能够发挥出有效的促进作用。此外,对于微课教学模式的使用,还可以使学生课程学习的积极性得到提高。

二、微课在高校体育教学中的设计目标和原则

(一)体育教学微课程设计目标

体育微课程的设计和课程设计一样,依据教学大纲、教学计划,也有教学过程,可称为微缩版课程。微课程用其开放性以及后续充实与开发的潜能为现代教学带来便利,使学生在学习中体验到更大的自主权和拥有感。

1. 坚持与体育课堂教学相结合

首先,在体育课中都会有体育常规,所以体育微课程也需与体育常规相结合。根据微课程的特点,我们可知微课程的主要是对一个重点、难点以及其中的某一个知识点的解释,对课题常规也是有益的补充,因此使用时需与课程相结合。其次,每个学校都有其特色,因与课程特色相结合。用微课程作为体育课程的名片。最后,课程以学生为主体,要与学生的兴趣相结合,将学生喜欢的、热衷的、感兴趣的、关注多的运动技用微课程的形式展现出来,吸引更多的学生,使学生在其中获得更好的学习效果。

2. 以学科的定位为指引

在设计和开发环节顾及本学校对于体育课的标准定位,以及学校对于学生

的培养目标的确立等一些综合要考虑的要素。如果不考虑这些要素也就失去了微课程从设计到使用的价值。指向性原则可简单概括为依托学科内涵,培养学生体育兴趣,提高学生运动技能,使学生养成终生体育锻炼的习惯为培养目标主线,牢牢抓住以学科内容为线索,不断努力做到以学生为主体中心,设计出符合高校体育学生学习的真正需求,具有很强实用价值高效优质的体育教学微课程。

3. 知识的选取、拆分、合并要合理、适度

微课程是随着时代的发展应运而生的,它的存在符合市场经济规律,实际教学需求是微课程开发的原动力。微课程本身具有很强的针对性,能够很好地抓住体育教学知识点与主题,并与实际活动统一组织与建设。这也意味着不是所有的知识点或教学内容都可以任意拆分与合并,它还需要保持系统性和完整性,尤其是体育微课程更应该符合以身体锻炼为主要手段的基本特征。

(二)体育教学微课程设计原则

1. 适时分解原则

微课程的主要特征表现在使用起来非常方便,可以随时随地学习,所以相对应地,微课程要求容量体积小,一节微课程所包含的内容量、所占用的时间也相对较短,但这并不代表失去课程的完整性和整体性,强调"微"进而随便分割知识点。因此,设计微课程的过程里以学习内容、学生学习方式和学习时的条件、微课程的展现形式为蓝本,对微课程进行适时的分解。

2. 聚焦性原则

微课程的"微"也主要体现在课程时间比较短,一般聚焦在5~10分钟,按照时间点计算,一节微课程所能讲到的知识是有限的。在知识点的选择这一块,一般以知识的重、难、疑或者考点为主,集聚经过老师的简介能更好地适用于自主学习的内容知识点。对高校体育教学的微课程而言,聚焦性主要是运动技能的难点分解、运动技能的易犯错误、体育理论教学中的重难点内容,还有一部分就是高校公共体育选修课中没有的运动项目。但是学生需求较多的项目,可以根据项目的特点,有针对性、有重点地制作相应的微课程供学生自学之用。

3. 简明性原则

微课的课长时间很短暂，这也是按照学生在注意力集中性原则的特点上选用的，一般人的注意力最佳保持状态在5~15分钟以内，所以在注意力聚焦集中性强的情况下学起来更容易掌握知识点，也能更好地去应用知识点。这就要求微课在知识点的讲解中要能简明扼要，强有力地突出知识点或者是技能技术的核心部分，点难突重；与此同时，言语的表达上要清晰明了，用学术语言规范，保障微课程的高质量展现。根据高校学生的特点，学生通过互联网等途径搜集资料的能力较强，而且学生已经具备一定的运动技能和运动基础，对于一些基础性的知识和简单的运动技能，除了个别学生需要进行学习以外，大部分学生已经掌握。所以在制作高校公共体育教学微课程的时候，一定要简单明了、突出重点，让学生通过网站的引擎很快定位，这样才能提高学生微课程的利用率。

三、微课在高校体育教学中的应用

由于微课存在碎片化、突出重点、较强的师生交互性与可重复利用教学资源的特征，因此，从体育微课的基本设计原则出发，开发质量较高的体育微课，进一步改善当前高校体育教学的现状，提高学生学习体育运动项目的兴趣，对于体育方法微课的应用要始终去探索，一般来讲，高校体育教学中，微课的应用主要体现在以下几个方面。

（一）微课应用在学生体育需求调研中

鉴于高校体育教学传统模式同高校体育教学内容间存在关联，在高校体育教学实践活动正式开始前，体育教师应该按照课程逻辑，将高校体育教学内容中的难点与重点提取出来。同时，还应该将现阶段体育栏目与体育热点新闻相结合，对体育微课进行制作，之后再将已经制作完毕的体育微课利用移动互联网的各种渠道在学校范围内广泛传播。通过对微课中学生的点击率与同帖评论内容的考察，体育教师能够有效地评定体育课程内容的合理性，保证其更加深入地了解学生兴趣与期待。此外，在前期对体育微课进行传播，能够有效调动学生体育学习的积极性，使学生更加期待即将要学习的新内容，使学生的被动学习行为转变向主动学习行为，进而提升其体育参与度。

（二）微课应用在体育课程设计中

对于体育微课而言，它不仅补充了传统的高校体育教学模式，还是多媒体时代下高校体育教学发展的必然结果。微课的逐渐出现使得原本的体育课程设计得到了重新定义，因此，就需要保证体育课程有理有据，有血有肉。在高校体育教学开展的后期阶段，改变以往室内体育理论课与室外实践课分开开展的体育课程设计，将两者进行融合。同时，考虑多媒体时代大数据的时代特征，在设计室内理论课的时候，可以以教师和学生的信息数据交流为主，使他们的头脑风暴在体育课程中得到掀起，呈现出更加公平、更加自由的体育课程。在这样的形式下，体育教师的教学思维能够得到更进一步地发散，使学生体育学习的热情得到提升。

（三）微课应用在体育课程教学中

体育教师可以根据新课内容和时事体育热点等方面设计新颖的新课导入微课，在课上给学生观看，目的是使学生的注意力得到吸引，使学生的学习兴趣得到激发。

一方面，基于体育时事热点与体育课程的新内容等方面，体育教师能够对新颖的体育新课进行设计，并向微课导入，在体育课堂教学开展的过程中，组织学生集体观看，主要的目的在于吸引学生的注意力，激发他们的体育学习兴趣；另一方面，在高校体育教学实践活动开展的过程中，体育教师可以将复杂动作的教学制作成微课，同时在体育课堂教学过程中，反复地向学生播放，将更加具体、更加直观、更加生动、更加形象的高校体育教学过程呈现出来。

（四）微课应用在体育课后辅导中

对于高校体育教学而言，一节体育课堂教学的时间是45分钟，有限的高校体育教学时间，使教师能够面面俱到地讲授内容、实现精细化教学几乎是不可能的。所以，一部分学生不能与教学节奏同步，或者是学生不能对其所学运动技能充分掌握的情况必定会出现。所以，当体育课堂教学结束以后，教师可以将含有高校体育教学重点的微课视频发放给学生，便于学生能够在课堂结束以后，对于已经学习的技术动作进行练习，对课堂上所学内容进行复习，切实保证学生温故知新，提升学生的学习效果。

（五）微课应用在体育课程分享中

从本质上来讲，分享就是学习，学生喜欢在朋友圈中分享一些好的视频课程，对身边的朋友、同学进行感染，使学生的学习圈子得到扩大。因此，我们应该对倡导分享精神的学习共同体进行构建，这样能够保证学习共同体成员间能够互相督促，对有用的体育学习信息进行分享。例如，将微课应用在体育舞蹈教学过程中，在校园内学生可以对已经学习到的且比较感兴趣的体育舞蹈课进行分享，使越来越多热爱体育舞蹈的学生能够及时地对学习资源进行获取、分享。同时，学生还可以对校园内其他兴趣一致的学生进行自发组织，安排大家一起对体育舞蹈微课进行学习，保证体育舞蹈社团的更进一步发展得到促进，通过对社团活动的有效组织，例如"快闪"等，使学生的课堂学习以外的生活得到丰富。

四、在高校体育教学中运用微课的注意事项

（一）精心设计微课视频，确保主题明确

高校体育教师在设计微课视频的时候要注意主题的选定，根据所选定的主题进行知识内容的延伸，确保每一个视频课件都能够有明确的主题。可以针对主题中的重点和难点问题进行视频的制作，也可以针对易错点进行视频制作，不管针对哪种情况进行微课视频的制作，都要确保视频能够发挥一定的价值，能够为学生学习提供有效的帮助。同时，教师要尽量控制微课的时间，最好将视频的时间控制在10分钟以内，这样学生的注意力能够全部集中于视频上，深刻学习其中的知识点。

（二）要确保所设计出来的微课具有一定的探究价值

将微课信息化教学运用在高校体育教学中，主要目的就是让学生通过微视

频的观看进行知识的分析和探究，提升对知识的理解深度。如果教师设计的微课过于简单，学生一看就明白其中的内容，那么就没必要进行讨论和探究，也缺少了探究的意义。因此，教师在制作视频的时候要综合多方面的知识，使得制作出来的视频具有探究价值和意义，学生能够通过探究学到更多的知识。同时，教师应当保证所设计出来的微课结构完整，每一个微课视频都具有独立的教学内容，所选取的技能为整个技术中的核心，使得学生所学到的技能能够与实际运动之间具有紧密的联系。

（三）画面清晰、布局合理，不喧宾夺主

教师所设计的微课视频要尽量具有一定的合理性，要让学生感受到舒适，在画面设计方面要尽量与所表达的内容相符合，既不能过于鲜艳，也不能过于单调。画面过于鲜艳，容易导致学生的吸引力被画面吸引，而不能集中精神学习其中的内容；画面过于单调，则会使得学生感受到死气沉沉，不能激发观看的兴趣，这是需要教师注意的。同时，画面布局要合理，尽量不要使用过多的处理技术，避免画面华而不实，不利于学生学习效果的提升。

第四节 翻转课堂在高校体育教学中的运用

在高校持续推进体育课程改革工作的过程中，翻转课堂模式得以普及和发展。将翻转课堂更好地应用在高校公共体育课程教学过程中是非常必要的，它是全面提升教学品质与效率的有效途径。

一、翻转课堂的概念

（一）含义

所谓的翻转课堂，词汇来源是英文词汇"Inverted Classroom"或"Flipped Classroom"，通常是指重新调整教学课堂内外的时间。从本质上来讲，就是学习的主动权不再属于教师，而是由学生掌握学习的主动权。在翻转课堂教学模式的应用过程中，学生能够在课堂中有限的时间内更专注地开展学习活动。对

于全球化的挑战、本地化的挑战以及现实世界中存在的问题，教师与学生一起研究、解决，使得获得理解的层次更加深入。

在课堂教学开展的过程中，教师不会再耗费大部分的课堂时间去讲授信息，但是在课堂教学结束以后，学生需要自主地完成这些信息的学习，他们可以利用的方法有听播客、看视频讲座、对功能强大的电子书进行阅读，或者是通过网络同其他同学互相讨论。综上所述，在翻转课堂教学模式应用过程中，不管什么时候，学生都能够对自己所需的材料进行查阅。

此外，教师同每一个学生交流的时间也得到了增多。当课堂教学结束以后，学生就能够自主地对学习节奏、学习内容、学习风格与知识呈现的方式进行规划，同时学生的知识需要少不了教师对讲授法与协作法的使用才能够得到满足，使学生实现个性化的学习，最终的目的是通过实践活动保证学生学习活动的真实性。

（二）主要特点

在很多年以前，人们就对视频教学的方式进行过研究、探索。最直接的证据是，世界上大部分国家在20世纪50年代的时候就开展广播电视教育。为什么传统教学模式没有受到当年所做探索的任何影响，而翻转课堂教学模式却被人们广泛关注呢？笔者认为是由于"翻转课堂"具有几个明显特点所导致的。

1. 教学视频的短小精悍

不管是亚伦·萨姆斯与乔纳森·伯尔曼的化学学科教学视频，还是萨尔曼·汗的数学辅导视频，很明显所具有一个显著的共同点，即教学视频的短小精悍。即便是较长一点的视频也只有十几分钟的时间，而大部分的视频通常只有几分钟的时间。同时，每一个视频所具有的针对性都是比较强的，如果能够针对某一个特定问题，那么也就会比较方便查找。应该尽量在学生注意力比较集中的时间范围内控制视频的时间长度，同学生的身心发展特征相适应。在网络上发布的视频存在回放功能、暂停功能等，学生能够自己进行控制，学生的自主学习能够得以顺利实现。

2. 教学信息的明确清晰

在萨尔曼·汗的教学视频中存在一个比较明显的特征，即唯一能够在视频中看到的就是他的手，他不断地书写一些数学的符号，并且将整个屏幕慢慢地填满，在书写的同时，还有画外音的配合。对此，萨尔曼·汗自己的观点是，在这样的方式中，同他站在讲台上讲课是不一样的，这样的方式就像将他们聚集在同一张桌子前面，一起学习，在一张纸上写下内容，使人感觉贴心。这也是同传统的教学录像相比，翻转课堂教学视频的不同之处。如果在视频中出现了教室中的各种摆设物品，或者是教师的头像，那么就非常容易分散学生的注意力，特别是当学生处于自主学习状态的时候。

3. 重新建构学习流程

学生的学习过程一般会有两个组成阶段：第一阶段，传递信息，其实现需要教师与学生之间的互动、学生与学生之间的互动；第二阶段，内化吸收，需要学生在课堂教学结束以后自己完成。在学生自己完成的过程中，因为缺少教师的支持与同学的帮助，所以学生在内化吸收的阶段经常会出现挫败感，从而丧失学习的动机与成就感。

"翻转课堂"的教学模式使学生的学习过程得到重新建构。第一阶段的传递信息，是在课堂教学开始之前由学生完成的，而教师在提供视频的同时，也提供在线的辅导；此外，第二阶段的内外吸收，是在课堂教学开展的过程中，由互动而实现的，对于学生存在的学习困惑与困难，教师应该提前了解，同时在课堂教学开展过程中对学生进行有效的指导。而学生与学生之间的互相交流活动，对于学生内化吸收知识的整个过程，还能够起到一定的促进作用。

4. 复习检测的快捷方便

当学生观看完教学视频以后，就会看到视频结尾处出现的几个小问题，通常是四个或五个，能够帮助学生及时检验自己教学内容的学习情况，同时根据自身的学习情况做出合适的判断。如果对于这几个问题，学生的答案不是很理想，那么学生就应该回放一遍教学视频，对于出现问题的原因仔细思考。同时，通过云平台，将学生回答问题的实际情况及时地汇总、分析、处理，使教师对学生学习情况的了解更加客观、全面。

教学视频的另一个明显优势，就是能够在经过一段时间的学习以后，方便学生复习与巩固学习到的知识。伴随评价技术的不断发展、跟进，使得学生学习的相关环节具有足够的实证性资料支撑，这对于教师真正意义上地了解学生是非常有帮助的。

二、体育翻转课堂的实施策略

（一）做好在线虚拟教学平台的建设

在线虚拟教学平台的搭建主要是为翻转课堂的实施创造前提和基础，这一平台主要包括教学内容上传模块、师生交流与答疑模块、在线测试与评价模块、学习跟踪与监控模块以及学习总结与成果展示模块等。体育教师通过这一平台，就可以上传与高校体育教学相关的微课视频、PPT、各种音频等教学材料，还可以借助这一平台实现作业发布、在线测验、监控督促、在线交流、在线评价等；学生则可以通过这一平台进行学习材料下载或在线学习，并同体育教师之间实现及时的交流与沟通。

（二）注重评价机制的创新

翻转课堂教学模式下的高校体育教学评价不能局限于传统的纸笔测验，评价内容、评价主体、评价标准和评价方法等都应区别于传统教学，否则，翻转课堂的实施就会流于形式。翻转课堂模式下的高校体育教学评价应该把"以评促学""以评促教"作为评价的主要目的，并将学生的进步程度作为评价的主要指标并注重多元化评价的采用，只有这样，评价才能既有针对性又不失全面性。多元化评价主要表现在评价主体、评价内容、评价方法、评价阶段等方面，紧紧围绕促进学生的学和促进教师的教两个方面，最终将提高教学实效作为评价的主旨。

（三）注重提高体育教师的综合素养

无论何种教育教学改革，教师始终是改革成败的核心与关键。作为信息化社会的产物，翻转课堂不仅是一种先进的教学理念，还是一种先进的教学方法，它对体育教师的综合素养提出了较高的要求。体育教师既是在线虚拟教学平台的搭建者、设计者和使用者，又是教学视频等学习资源的开发者和上传者；既是学生学习与实践的组织者、引导者，又是学生学习成果评价的设计者和评价者；既是学生在线学习情况的监控者和督促者，又是教学设计的完善者。

（四）追求体育课堂实效，避免翻转课堂异化

翻转课堂作为一个新生的事物，虽然它顺应了信息化社会的时代背景，但还没有形成公认的科学实施模式，各个学科对翻转课堂的研究成果较为丰富，但各类研究也存在很多的不足，综合起来主要表现在以下几个方面。

1. 避免过度弱化教师的作用

翻转课堂模式下，体育教师虽然把课堂讲解与示范的时间让位给了学生，但并不代表教师的作用被弱化了。事实上，体育教师的作用变得更加关键，而不是被弱化。课前教学视频的录制和搜集、教学资料的优化与整合、在线虚拟教学平台的建设与管理，课中体育教师的讲解与示范、学生活动的设计与组织，课后学生学习结果的考核与评价、教学方案的优化与修订等，每一项工作都离不开教师的付出。如果过度弱化体育教师的作用，学生的学习就会失去系统性和效能，高校体育教学最终难逃沦为"放羊式"的结果。

2. 避免高估学生的自主性

对于翻转课堂教学模式而言，"掌握学习"是其建构的重要基础。翻转课堂的有效实施离不开学生的自主学习性。作为现实社会中的复杂存在，学生在课堂教学开始之前的在线学习中，并不是每一次都能够针对高校体育教学内容有效地、自觉地学习。因此，教师有必要对学生进行适当的检测与跟踪，不仅能够对学生的技能学习和知识学习的完成起到督促作用，还能够有效培养学生的自主学习能力。

3. 避免一味借鉴其他学科经验的情况

现阶段，对翻转课堂教学模式的相关理论研究成果与实践研究成绩，主要是基于其他学科的基础智商。在体育学科的理论等方面的研究还并不十分成熟，在对高校体育教学中翻转课堂教学模式的应用进行研究的情况下，我们对于其他学科的实践经验不可避免地要进行借鉴。但是，学科与学科之间的差异是肯定存在的，在其他学科领域比较适用的理论和经验，在体育学科中不一定能够适用。因此，在具体实施翻转课堂教学模式的时候，我们应该要把握好体育学科本质特点，有选择地吸收、借鉴其他学科的理论与经验，避免发生生搬硬套的情况。

4. 避免过度追求形式

实施翻转课堂教学模式的主要目标是在一定程度上提升高校体育教学的时效性，这一点是毫无疑问的。高校体育教学的存在离不开价值的支持与丰富，体育课程教学一种至高境界是对于既正当又有效的高校体育教学进行贯彻，如果过分追求形式而对高校体育教学的效果不够重视的话，那么即便是实施翻转课堂教学模式，也不存在任何的意义。

在高校体育教学改革深入发展的特殊阶段，在广大体育教师积极投身于高校体育教学改革的今天，对于翻转课堂教学模式，我们依然应该谨慎地对其缺陷与优势进行审视，尤其是要避免对于偏离翻转课堂的本质而过度追求形式的情况。

三、翻转课堂在高校体育教学中的应用

（一）翻转课堂在高校体育教学中的核心价值

当前，翻转课堂在我国的兴起已经成为不争的事实，但对于翻转课堂的价值进行深入探讨似乎还未引起理论层面的重视。为了更好地应用和推广翻转课堂，对其在高校体育教学中的核心价值予以探讨。

1. 翻转课堂使高校体育教学与信息技术的有机结合得到实现

在信息化社会的今天，学生的生活方式和学习方式发生了深刻的变化，借助手机、计算机等信息化平台进行学习和交流已经成为日常习惯，为适应学生在行为和习惯上的变化，教学信息化在所难免。

翻转课堂作为信息化社会的产物，它使教学与信息技术之间有机结合，高度迎合了学生的日常习惯，改变了传统课堂呆板的模式和形象，使学生的学习变得更加自然和有趣。体育教师通过上传视频、三维动画、PPT 等丰富而直观的教学材料，设置系统、有序的学习导航，加上教师对于学生客观而有趣的在线评价和在线交流，一个有益于学生身心发展的教学环境被创建出来，这不仅有效增进了师生之间的情感，更提高了学生的学习兴趣和自主性，也为体育教师有效组织课中的教学活动奠定了基础，这对于提高高校体育教学的实效性是非常有利的。

2. 翻转课堂有助于实现高校体育教学的精讲多练

学生课中学习和练习的时间总量是一定的，新知识、新技能的学习耗时过多，学生进行体育练习的时间势必减少，体育课的健身性以及学生对知识、技能的掌握和内化就会大打折扣。因此，精讲多练符合体育课堂教学的要求。在翻转课堂模式下，课前，学生通过观看教学视频，对高校体育教学内容有了初步的认知，对体育学习中的难点深有感受。在遇到无法解决的问题时，学生通过在线交流平台及时反映给体育教师，这样教师就会对学生的课前学习情况有所把握；课中，体育教师依据学生所反映的问题进行针对性极强的讲解或个别指导，不需要对每个问题都进行讲解，这样就省去了很多讲解的时间，学生在课中进行体育实践的时间就被延长，精讲多练的目的自然达到。

3. 翻转课堂使高校体育教学要素的优化组合得到实现

从高校体育教学要素的层面上来讲，翻转课堂同传统的高校体育教学模式之间存在的区别并不是很明显。对于翻转课堂而言，它主要是利用科学合理地重构高校体育教学要素来使高校体育教学的效能实现增值的。我们之所以将翻转课堂判定为一种革命性的高校体育教学方式创新，主要是因为此种教学模式在对高校体育教学要素的各种功能进行准确定位的情况下，体育教师与学生的主体性地位得到了转换，使体育课程的资源得到拓展，促进了高校体育教学目的、高校体育教学方法手段与反馈机制的合理调整。对学生体育学习的良好环境进行创设，进而从质的层面改变高校体育教学的形态与结果。同时，需要注意的是，翻转课堂在组合高校体育教学要素的问题上并不是固定不变的、呆扳的，而是动态的、灵活的。在高校体育教学的实践活动中，按照实际的需要，体育教师可以随时调整各教学要素间的组合关系，以保证特定高校体育教学目的的实现。只有充分认识这一点，才能够保证教师能够将翻转课堂作为固定范式进行看待，进而避免高校体育教学中应用翻转课堂教学方法流于形式。

4. 翻转课堂能够促进高校体育教学中素质教育的实施

素质教育的主要目的是全面提高受教育者的综合素质，而值得注意的是，综合素质的提高离不开人的全面发展，同时对于学生个性的培养，教师也不能忽略。个性的完善，不仅是素质教育开展的价值理念，又是素质教育的目标理念，培养个性、促进人的全面发展是素质教育的真谛。

在翻转课堂教学模式应用的过程中，学生的学习目标是统一的，按照学生的实际情况，体育教师可以制定学生的个体目标。通过观看在线高校体育教学视频，可以保证学生自主学习的实现，按照学生的学习能力来确定高校体育教学视频的观看次数，而按照学生的学习基础来由学生自主选择观看的内容。从反馈问题的层面上来讲，通过在线交流平台，学生能够随时向教师反映学习中的问题，并获得教师的及时教导；从学习评价的层面上来讲，体育教师对于学生进行评价的根据是学生的进步程度，同时将小组评价和个人评价融入最终评价结果中，这种评价模式有助于让学生明确在学习过程中的优点和不足，并时刻感受到自己在不断提高。可见，翻转课堂这种个性化的教学模式对于学生端正学习态度、激发学习兴趣、提高沟通能力、培养正确的价值观以及促进学生的全面发展都是有益的。

（二）将翻转课堂教学方法引入高校体育教学的全新高校体育教学模式

我们常说的高校体育教学模式主要是指在一定的高校体育教学理念、高校体育教学思想引导与高校体育教学理论的指导下，而建立的各种各样高校体育教学活动的基本框架或者基本结构。一般来讲，高校体育教学模式包含了多种要素，即高校体育教学理论依据、高校体育教学原则、高校体育教学程序与学习程序、教学资源与实现条件，以及高校体育教学效果评价，等等。将翻转课堂教学方法引入高校体育教学的全新高校体育教学模式具体包含以下几个方面的内容。

1. 高校体育教学的理论依据

高校体育教学中应用翻转课堂的教学模式主要的思想基础是"先学后教"思想，对于高校体育教学活动中学生的教学参与和学生的主体性进行强调。从高校体育教学的特征与行为心理学原理出发，特别是对斯金纳操作性条件反射的训练心理学进行考虑，对高校体育教学的程序进行确定。具体是：利用视频学习—联系吸收理解—再通过视频回顾—互动反馈—强化实践—学习、掌握，并且在这样循环、反复的高校体育教学过程中，有效塑造行为目标；同时，按照学习的过程与教学的实际效果、学习主体对体育"教"与"学"的活动过程不断地完善与创新，促进预期高校体育教学目标与学习目标的实现。

2. 高校体育教学的目标与原则

对于高校阶段的高校体育教学目标而言，主要是为了对中小学阶段高校体育教学目标进行巩固与提高，即体育锻炼的思想、体育能力与体育习惯；对于学生科学、积极、主动参与体育锻炼的行为进行引导与教育；对于现代体育科学中的基础知识、基本技术和技能、方法进行扎根；使学生体育锻炼的参与意识得到强化；使学生体育文化素养得到提高。

为了保证高校体育教学目标能够顺利实现，对于将翻转课堂教学方法引入高校体育教学的全新高校体育教学模式而言，教学原则尤其重要。教学原则是体育教师应该遵照学生的认知水平与心理发展特征，加工、整理高校体育教学内容，高校体育教学设计、制作通俗易懂，同时还能够紧密地联系自身已经掌握的认知结构。同时，选择优质的、适宜的高校体育教学视频；构建一个宽松的、民主的、轻松的交互式学习社区或网络教学平台，便于及时掌握学生的学习反馈信息，并能够有效地发现问题、解决问题；在对总体学习情况进行把握的条件下，对于个体学习发展的过程给予重视，将高校体育教学过程中与学习过程中学生的主体性作用充分发挥出来，尽可能地使学生自己发展，对存在的问题学生自己能进行分析与解决，同时对于自我认识、能力与技能进行深化、拓展。

3. 高校体育教学程序与学习程序

将翻转课堂教学方法引入高校体育教学的全新高校体育教学模式，其主要基础是优质的交互学习社区与视频资源。因此，可以将高校体育教学程序与学习程序进行如下的设计：对高校体育教学内容进行预习——对高校体育教学视频有针对性地观看，再进行示范、讲解——使学生学习动机得到激发，发现学习过程中的问题——在课堂教学中由教师对新课进行讲授，对于学生的疑惑进行解答，并进行示范——由学生自主练习与实践，巩固体育学习效果——对体育学习效果进行反馈，由教师、学生进行评价——通过资源拓展完善、知识和技能结构的扩展，以及反复练习实践来加强理解与训练效果。

4. 高校体育教学的实现条件和教学资源

近些年来，慕课教学平台的快速发展与互联网的广泛普及，创造了良好的条件，以便于翻转课堂高校体育教学模式的实施。然而，对于现代高校体育教学来讲，我国的高校体育教学相关视频与学习资料还是相对较少的，所以我国的体育教师应该从体育课程与教学内容出发，自行制作与设计高校体育教学资源。对于高校体育教学内容而言，主要有理论教学内容与动作讲解、演示的视频，保证体育练习活动的理解性与课余训练活动的实践性，既要有动作示范的要领分析，又要有训练实践的摄像记录视频，还要有拓展性的教学资源和学习资源，以及专题性的研讨问题等。不仅如此，体育教师在组织学生观看教学视频、开展练习活动和训练活动的同时，还要保证在交互社区体育教师能够对学生的疑惑及时地进行解答、讨论与指导。

5. 高校体育教学效果与评价

将翻转课堂教学方法引入高校体育教学的全新高校体育教学模式，能够激发学生体育学习的兴趣，培养学生自主发现、学习、探索、分析、解决问题的综合能力，促进学生技术和技能的提升，还能够有效促进学生自主学习能力、社会发展适应能力、互相合作能力的发展与培养。体育教师应该通过交流与活动对学生的学习情况与进度实时地了解，还要对反馈信息及时掌握，再从所获的情况出发，适当地引导，鼓励并充分调动学生的学习积极性，在高校体育教学与讲解活动开展的过程中，针对不同的学生因材施教。而对于学生的评价而言，需要注意的是，它同其他文化课程是不同的，在对其学习好坏进行衡量的时候，不能单纯地将考试成绩作为标准。在高校体育教学中，应该始终坚持"健康第一"的指导思想，同时还要在体育考试的各个环节中渗透"健康"的标准，对于标准化的项目应该适当地减少技能考试并有效改进高校体育教学的评价标准，尽可能地避免学生由于害怕考试而出现的体育厌学心理与逆反心理。此外，对于学生应该积极地引导，使他们加强对高校体育教学的相关认识，促进学生体育锻炼良好习惯的养成，并且积极构建同高校体育教学目标相适应的人性化测试方法。

第六章
高校体育教学设计体系构建与创新

> 高校体育的科学化教学过程是一个智慧的过程,需要体育教育者在每一个教学过程的环节和细节中投入教学智慧,通过科学化教学设计来促进各项体育教学活动的顺利开展,并能很好地帮助教师完成教学任务、帮助学生完成学习任务,实现教学相长、优化教学效果、提高教学质量。本章主要就高校体育教学的科学化教学设计体系的构建进行详细分析,为教学工作者不断完善高校体育教学设计提供理论指导。

第一节 体育教学设计概述

体育教学设计是为体育教学活动制定蓝图的过程,它规定了教学的方向和大致进程,是师生教学活动的依据。教学活动的每一步骤、每个环节都将受到教学设计方案的约束和控制。所以,学校体育教师在进行教学设计时一定要审慎思考、全面规划,提高设计方案的科学性和可行性。体育教学设计揭示了体育教学设计工作的规律,并运用这些规律来指导体育教学实践,提出设计体育教学的实际建议,包括工作步骤和具体做法,以便广大体育教师和体育教学设计人员使用。

一、体育教学设计的概念与特点

(一)体育教学设计的概念

体育教学设计是一种体育教育教学准备工作,是教学执行者和参与者为提高教学质量而在教学活动中采取的具体的教学活动方案。体育教学设计者必须根据体育教学自身的特点,充分考虑学生特点与情况,结合体育教学的环境和条件,对未来体育教学过程中可能出现的一系列问题进行预测,合理规划师生的教学活动,并制订出相应的计划方案。

在高校体育教学中,科学的体育教学设计有利于促进体育教学理论与教学实践的有机结合,能为教师提供科学合理的体育教学方案指导。

(二)体育教学设计的特点

1. 超前性

体育教学设计是一种教学准备工作,要在真正的体育教学活动开始前进行。因此,整个体育教学设计方案的内容、问题预测、问题解决方案等均具有超前性。

从本质上讲,体育教学设计只是体育教学活动的一种设想和预测,它是对即将进行的体育教学中可能产生的问题进行分析。在进行体育教学之前,体育教师必须设计出这堂课的教学方案,并根据体育教育、教学理论和学生的学习需求,针对教学活动中可能发生的问题提出解决方法。体育教学设计方案是对即将开始的体育教学实践活动的一种预先策划,是为了更好地应对和解决体育教学中可能出现的各种问题。因此,体育教师的教学设计往往会尽可能地要求考虑到各种教学问题,但是体育教学设计不可能将体育教学实践中的所有问题都考虑周全。

2. 差异性

正是因为体育教学设计是一种教学提前行为,是一种教学预测与提前规划,可能存在"考虑不周"的情况,再加上体育教学是一种开放性的活动,可能会受到各种因素的影响,因此体育教学设计方案与体育教学实践活动之间可能存在差异。

体育教学设计的差异性特点,使得体育教师在教学过程中要时刻根据具体的教学情况调整教学方案,以适应不断变化的教学要求。

首先,体育教学设计应以体育与健康课程理念为基础,以学生的体育学习需要为基础,应实现对体育教学实践活动的宏观指导,确保体育教学实践活动的整体方向和格调是正确的。

其次,体育教学过程是复杂、多变的,体育教师对体育教学设计者设计的教学方案不能全面概括教学实践,不能完全解决教学实际中存在的各种问题。体育教学设计者所设计的体育教学方案应能提纲挈领、抓住主要矛盾,在教学问题处理上要有多个备选方案,并能在教学问题解决预案中留有空间,以便根据实际教学情况不断对教学计划进行调整和弥补。

3. 创造性

体育教学设计的过程是一个解决教学问题的过程，是一个创造性过程。

任何学科的教学过程都涉及各种教学要素，包括主观教学要素和客观教学要素。在教学体系构成中，各子要素及其相互之间的关系也会时常发生变化，体育教学也不例外，而且体育教学的教学环境与条件更具开放性，这就使体育教学过程是一个更具创造性的过程。

体育教学的教学开放性与多变性并非体育学科的一个教学缺点，相反，这更加促进了体育教师在体育教学中可拥有更多的教学发挥空间，为教师的体育教学设计提供了一个更开放的创造空间。通过体育教学设计，能提高教师的教学创新能力，同时也能通过体育教学活动的组织与实施，培养和提高学生的创造力、创新能力。

首先，对于体育教师来说，在体育教学中要具备一定的创新性和创造能力，能创造性地解决体育教学活动中出现的问题。概括来讲，体育教师必须具备一定的文化基础知识和较扎实的专业知识，具备主动适应基础教育的意识与能力，具备创造性的想象力和创造性的思维，如此才能设计出科学有效的体育教学方案。

其次，对于学生来讲，体育教学活动中的体育教学参与过程是不断尝试、探索、发现、解决问题或达成一个新的目标的过程。在整个教学活动参与过程中，学生在教师的体育教学设计方案下进行体育活动知识、技能的学习，并通过个人的努力去完成学习目标，实现对所要求掌握的知识点、技能的理解与掌握。学习目标的达成非常重要，整个学习过程中的学习体验也很重要，这就需要学生在教师的指导下进行有限制性或者无限制性的探索与创新（如在运动规则要求下进行技战术的创新发挥），以促进学习目标的实现。

二、体育教学设计的背景分析

（一）体育学习需要分析

进行体育教学设计，首先应明确体育学习需要，以便于在体育教学设计过程中做到有的放矢，更有教学针对性。对体育学习需要的教学设计分析的方法与步骤具体如下。

1. 分析方法

目前,针对体育学习需要的分析方法主要有内部参照分析法和外部参照分析法两种。在教学设计实践中,这两种方法通常结合使用。

(1)内部参照分析法

比较分析体育教学目标与学生体育学习现状,找出差距。

(2)外部参照分析法

以社会对学生的期望值为标准来衡量学生的学习现状,找出差距。

2. 分析步骤

第一,确定体育教学期望(教学目标),根据体育教学大纲和体育教学类型明确本次教学课程的具体教学期望(目标)。

第二,确定体育学习现状。通过观察,测量、评价等方法来确定体育学习者(即学生)的知识、技能、学习态度、技术水平等(图6-1)。

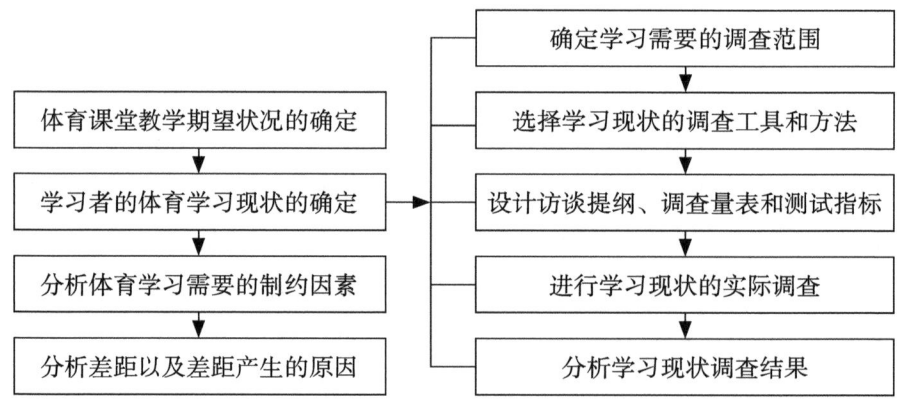

图6-1 体育教学分析步骤

(二)体育学习任务分析

1. 分析方法

针对学习者(学生)的体育学习任务进行分析,常用方法如下。

(1) 归类分析法

结合体育教学目标对教学内容进行分类，形成有意义的指数结构，提示体育教师在教学中分类、有序、依次指导学生完成学习任务、达成教学目标。以武术基本功的教学为例（图6-2），结合概念、原理对教学内容进行归类，指导学生分类完成学习任务。

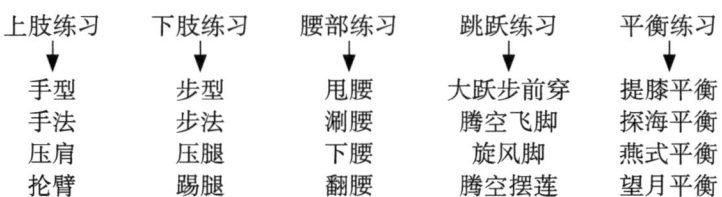

图6-2　武术基本功练习

(2) 层级分析法

将不同层次的从属体育知识和技能进行分析，帮助教师明确体育学习的内容，使之与实际教学活动安排相符，依次完成教学目标，该方法适用于体育运动项目技能学习。以篮球运球的行进间运球三步上篮教学为例（图6-3），先明确行进间运球三步上篮动作技能的从属能力，然后分析该从属能力应具备的下一级能力，层层递进，直至追溯到学生的起点能力，再从起点能力开始展开教学。

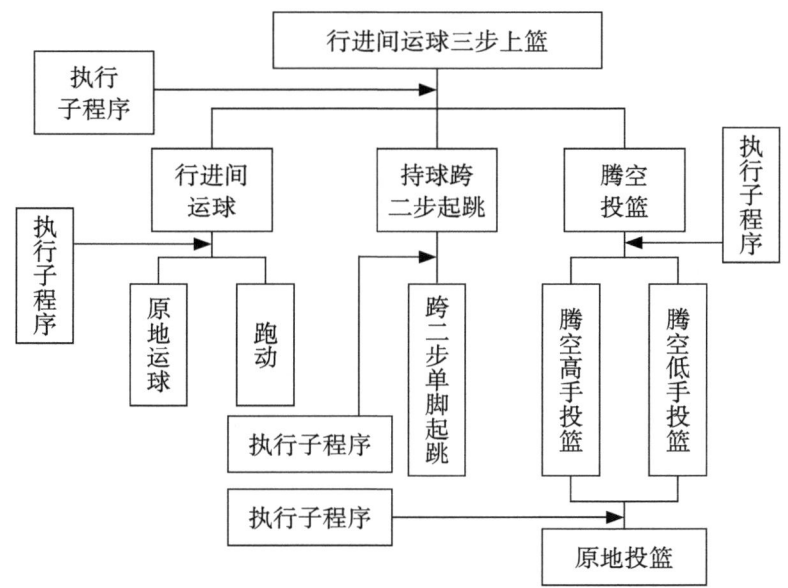

图6-3　篮球上篮教学

(3) 信息加工分析法

根据体育教学目的所要求的行为表现，利用流程图来描述目标行为所含有的基本心理过程的分析方法。该分析法对教师的综合教学能力要求较高，适用于技能和态度类学习任务的分析。以篮球长传快攻战术教学为例（图6-4），分析学生完成战术的各种心理活动与心理能力，用结构图来表示心理过程与能力要求与战术的完成之间的关系，指导学生的战术技能学习与行为实施。

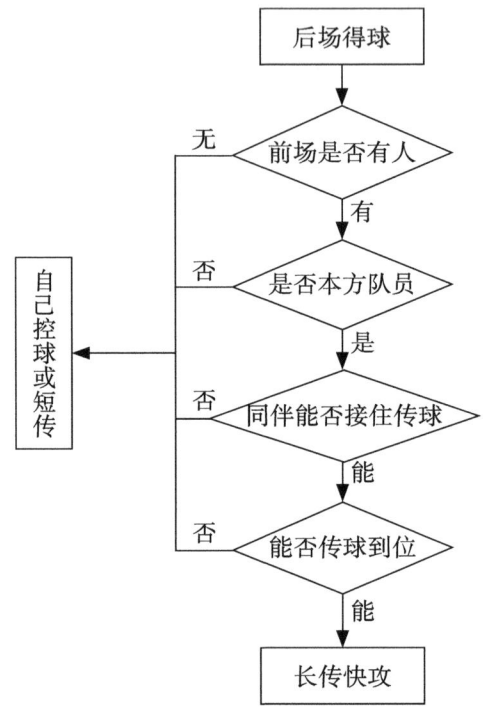

图6-4 篮球长传快攻战术教学

2. 分析步骤

第一，确定学生起点能力。全面掌握学生学习基础，并以此为教学起点，有序安排教学活动，帮助学生稳步、扎实学习与掌握各教学目标。

第二，分析使能目标。学生从起点能力到终点能力（完成学习任务），需要学生的多项知识和技能（子技能）参与，每一个基础教学目标（使能目标）的完成都是为了完成更高一层目标打基础的。以蛙泳教学为例，学生掌握蛙泳动作技术的使能目标及其层次关系如图6-5所示，明确使能目标，有助于教师更好地组织教学活动，帮助学生奠定扎实的学习基础。

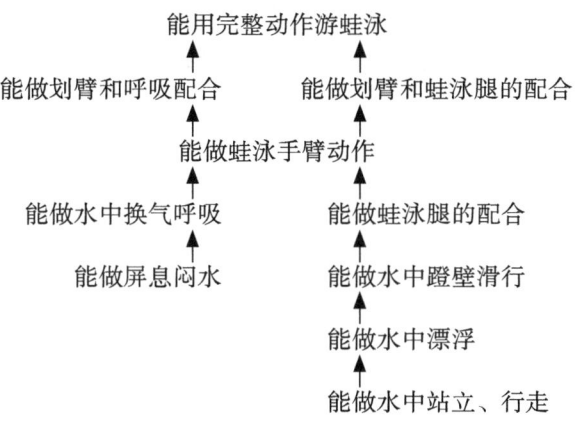

图6-5 蛙泳教学

第三，分析学习任务完成的条件。对学生的学习任务完成的条件进行分析，以便在体育教学中为学生的学习创造良好的教学环境与条件基础，帮助学生更好地完成学习任务。

（三）体育教学内容分析

1. 文化背景分析

体育教学通常被误认为是运动技能的教学，而事实上，体育教学包含了所有与体育有关的体育文化、精神、素养、能力、品质、规律、技能等的教学。学生对体育运动技能的掌握只是体育教学的一个重要的教学目标，但体育教学的目标不仅限于此。通过体育教学应促进学生的身心健康发展，促进学生养成科学的体育观与体育运动锻炼习惯，并养成终身体育的意识与能力。在体育教学开始前，不仅要明确教学知识点（往往以技术掌握为主），也要针对运动技术背后的运动项目的运动文化背景进行分析。

2. 优缺点分析

在正式的体育教学活动开展之前，教师必须认真分析体育教学过程中所使用的体教材内容，并明确教材内容的优缺点。这里的"教材内容的优缺点"具体是根据学生对体育教学内容的认可程度、学习难度，以及教学内容对促进学生发展的有益性、价值等来进行评价的。应放大体育教学内容有利于学生的体能、技能、智能发展的"点"，并展开教学组织。同时，找出教材的缺点和不足，进一步改进教材、丰富教学内容，优化教学过程。总之，体育教师只有全面了解和掌握教材，才能设计出有效的体育教学方案。

3. 功能性分析

在高校体育教学设计中，全面分析体育教材的潜在功能，以及这些功能的运行环境和条件，有助于体育教师更好地把握教学过程。具体来说，教师应注意对体育教材内容的运动参与、运动技能、身体健康、心理健康、社会适应等功能的分析。

4. 适应性分析

教学内容的传授和实施需要一定的教学环境和条件支持，在体育教学设计中，教师应充分考虑教学内容实施的教学环境与条件要求，并提前做好场地、器材的教学准备，以及结合本地区的气候特点、地域特点开展相应的特色体育教学。

5. 时代性分析

高校体育教学的目标是培养适应现代社会发展的高素质优秀人才，在体育教学设计中，体育教学内容应与当前的时代发展特点、社会对人才的要求特点相适应。通过体育教学，提高学生的体质、体能水平、心理水平与社会能力，切实培养出符合社会要求的高素质全面发展人才。

（四）体育学习者（学生）的分析

1. 一般特征分析

（1）生理特点分析

体育教学的身体实践性非常强，不同体育教学内容的学习对学生的身体素质的要求也不同，在体育教学设计中应关注学生的生理特点，不安排超出学生生理承受范围的教学训练活动。

（2）心理特点分析

体育活动参与是伴随一定心理活动的身体活动过程，分析与把握体育学习者的心理特点，有助于体育教师组织教学过程，提高教学的质量。具体来说，教师应关注学生在体育教学活动参与中的个性特征；情感、情绪特征；注意力和意志的发展等。

（3）社会特点分析

体育环境为运动者提供了一个良好的社会环境，学习者在体育活动参与中可以体会到不同的社会角色，也正因此，体育学习有助于促进学生的社会化。要实现体育教学对学生的社会发展促进价值，就必须重视学生的社会特点分析，具体应从人际交往特点、社会行为特点、社会角色意识、团队精神和竞争意识等多方面分析学生的社会特点，以科学设计教学过程，更好地促进学生的社会化。

2. 学习风格分析

（1）信息加工风格

主要分析学生所喜欢的教学方法、教学媒体技术应用、教学模式组织、教学节奏等。

（2）感知感官运用

主要分析学生在体育学习中习惯用哪种感官接受知识，如更善于听讲解，还是看示范，或是喜欢通过本体感觉（阻力、助力）学习。

（3）感情需求

主要分析学生在体育学习中关注的情感点，如更希望获得教师的鼓励与肯定，希望受到同学的认可等。

（4）社会性需求

分析学生参与体育活动的社会性动机，是渴望交际还是获得运动成绩成就，或是受体育精神的感染、受体育健康观影响注重终身体育知识与能力的培养。

3. 起点能力分析

①学生的身体机能、身体素质、健康状况等。
②学生的基础知识及技能。

③学生的体育目标知识和技能。
④学生的体育学习态度。

第二节 体育教学目标的设计分析

教学目标具有导向和标尺的作用，具体而明确的教学目标，能够引导师生围绕目标的实现而有效地展开教学活动，恰当地组织教学过程，并且能以此为标尺，准确地检测教学结果。因此，目标的设计在体育教学中尤其关键。

一、体育教学目标概述

（一）体育教学目标

体育教学目标是由学校体育目标、体育教学总目标、体育教学单元目标、体育教学课时目标组成的，它具有递进关系（图6-6）。

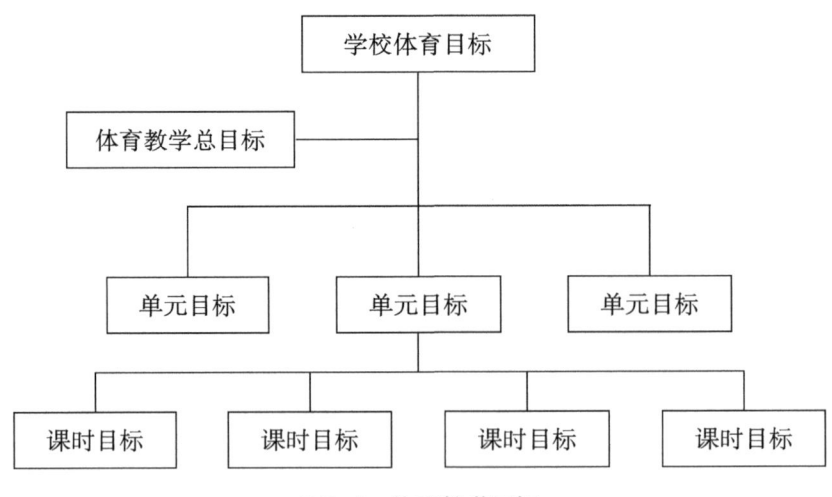

图6-6 体育教学目标

体育教学目标对体育教学过程的设计具有导向性作用，根据教育目标分类的对象和应遵循的原则，可以将教学目标分成认知、情感和动作技能三大领域，各领域又可细分多个层次（表6-1~表6-3）。

表6-1　认知领域的体育教学目标

层次	一般目标举例	行为动词
知识	知道体育名词和基本概念	界定、描述、指出、列举、选择、说明
领会	理解动作要领和有关知识 知识形式转换	转换、区别、估计、解释、归纳、猜测
应用	应用概念及原理于新情况 应用定律及学说于实际情况	改变、计算、示范、发现、操作、解答
分析	评鉴资料的相关性	关联、选择、细述理由、分辨好坏
综合	写出一组完善的动作要领	联合、创造、归纳、组成、重建、总结
评价	运用内在材料、外在标准评判所学内容的价值	鉴别、比较、结论、对比、检讨、证明

表6-2　情感领域的体育教学目标

层次	一般目标举例	行为动词
接受	注意听讲 显示已了解学习的重要 显示对体育的敏感性并参与体育	把握、发问、描述、命名、点出
反应	完成规定练习 遵守学校规则 参与课上讨论 显示对体育课的兴趣	标明、表现、遵守、讨论、呈现、帮助

表6-3　动作技能领域的体育教学目标

层次	一般目标举例	行为动词
知觉	口述器械名称 复诵动作要领	描述、抄写、理解、解释
定势	评量身体的起始动作 调查反应的意愿	选择、建立
指导下的反应	描述教师的示范动作并正确模仿	制作、复制、混合、建立
机制	正确、熟练地做出技术动作	操作、练习、变换、修理
复杂的外显反应	完成精确的技术动作 演示复杂的技术动作 完成一套连贯的技术动作	组合、修缮、专精、解决

(续表)

层次	一般目标举例	行为动词
适应	迅速有效地掌握新动作 根据已知编制技术动作	改正、计算、示范
创作	改良动作技术 发现新的练习方法 创造新的表演方法	设计、编辑、创造、发展

（二）体育教学目标的功能

分析体育教学目标的功能有助于人们对体育教学目标的了解和掌握，有助于为体育教学目标的制定提供科学的依据。

1. 激励功能

体育教学目标是体育教学目的和活动价值的集合，是学校开展体育教学活动课程所要达到的一种目的和效果。确立体育教学目标能够激发学生对体育学习的兴趣，目标中的功能和效果能够提升教师对体育教学的热情，激励教师科学地开展体育教学工作，保证教学目标的实现；对社会而言，体育教学能够培养符合时代所需的接班人，体育教学目标激励着学生、教师和教学研究者日益重视体育教学。

2. 定向功能

体育教学目标实际上就是体育教学所要达到的目的和方向，它指导教学活动按照一定的目的和方向进行。体育教学目标反映体育教学的目的，体育教学的目的是体育教学所要达到的效果和方向。例如，学校开展体能训练课程的目的是增强学生的体能，促进学生的身心健康，使其适应社会的发展需要，因此体育教师在进行教学的时候会朝这个方向进行。所以，体育教学目标对于体育教学而言，具有定向的功能。

3. 评价功能

任何一种学科的教学过程都需要有教学目标，它不仅在教学中发挥着激励作用和指向作用，同时也是一种教学的评价。例如学校开展篮球课程的根本目标是让学生学会篮球运动的相关技能和知识，这也是教师在教学过程中的工作方向。如果教师完成了这一教学目标，那么这名体育教师就获得了相应的教学成就，是一名合格的体育教师；如果在教学的过程中，不能保证教学目标的实现，那么教师就不能完成自己的教学任务。由此可以看出，体育教学目标具有评价功能。

4. 规范功能

体育教学相对于其他学科而言具有复杂性，再加上新课改的影响，更是加大了体育教学的难度，这就使得有些教师在开展体育教学的过程中无法保证体育教学的科学性，最终造成不好的影响。体育教学目标是教师教学过程中的参照物，具有指向功能，同时也规范了教学过程，使体育教学能够按照科学的轨道进行，规范了教师的行为和教学的内容，促进了教学质量的提升。

（三）体育教学目标设计

基于对教学目标的认知，教学目标是教学活动主体的活动预期结果，教学目标设计是为了实现教学目标这一结果而对教学活动主体的活动的具体安排。

体育教学目标设计包括以下几方面内容。

（1）教学活动包括教师、学生两个主体，体育教学目标设计包括对达成教师"教的目标"的"教的活动"设计，也包括对学生达成"学的目标"的"学的活动"设计。

（2）教学目标设计是对一节课、一单元或者一门课程教学活动的结果的设计。

（3）教学目标设计是对可预期、能切实达成的目标的活动设计，设计应具体、明确，具有可操作性。

二、体育教学目标的科学设计

教学目标只有设计得科学而具体，才有利于教师正确地选择教学方法、妥善地组织教学过程、准确地评价教学结果、检测学生的学习掌握情况。

（一）体育教学目标设计原则

1. 科学性原则

体育教学应遵循体育教学规律，体育教学目标设计也应遵循体育规律、教学规律、体育教学特点等，应建立在科学学科理论的基础上进行教学设计。

2. 系统性原则

系统论是教学设计的核心理论基础，体育教学设计过程中，必须重视体育教学系统各子系统的有机结合，以保证体育教学系统的完整性和不断发展完善。体育教学目标是由若干个具体目标组成的完整系统，具体目标之间纵横有序，层次分明。教学设计中应注意正确处理各教学目标之间的关系，为实现教学总目标服务。

3. 准确性原则

体育教学目标的描述应是准确的，应能正确表述目标内容，以免教学设计过程中对教学目标理解有误，导致教学目标实现过程中产生偏差。

4. 灵活性原则

体育教学目标的设计只是一种构想，而体育教学的实际情况是复杂多变的，体育教学目标具有多元化特点，教学设计者应根据学校体育教学的实际情况灵活编制，其内容和水平可以有一定的弹性，留有调控余地。

5. 发展性原则

体育教学目标的设计既要着眼于现有教学实际，又要放眼未来，能为学生进入下一阶段的体育学习奠定基础，有利于促进学生的可持续发展。

（二）体育教学目标的层次划分

1. 体育教学目标的层次

体育教学目标是由多个层次的目标组成的，其中包括课程目标、水平目标、学年体育教学目标、学期体育教学目标、单元体育教学目标、课时体育教学目标，甚至还有更为细分的知识点和技术点的教学目标。其中课程目标和水平目标均属于学段体育教学目标。

（1）学年体育教学目标

学年体育教学目标是在学段体育教学目标的基础上确立的，它是对每个学段内的学年体育教学活动目标的分解，是该学段的学生在学年结束的同时必须完成的教学任务，有助于对体育教师的教学效果进行评价。

（2）单元体育教学目标

单元体育教学目标则是在学年体育教学目标的基础上制定的，单元是在学年目标的教学过程中，根据教学模块进行的划分，是各门课程教学中相对完整的划分单位，它代表着课程编写者和课程开发者对课程结构的总的看法和认识，以及在此基础上对某一个教学内容的要求。任何一位教师在对学科课程进行教学时，都是按照单元组织教学活动的。

（3）课时体育教学目标

课时是教学活动进行的基本单位，是在单元教学目标的基础上确立的，连续几个课时的教学目标最终构成单元目标。单元目标的制定并不是客观存在的，而是根据教师自身的情况进行编写的，具有很大的灵活性。单元目标是构成以上各种目标的元素，因此，单元目标在体育教学目标的实现过程中就显得尤为重要。

2. 各层次教学目标的搭载文件

所谓的搭载文件就是体育教学目标制定的依据和参考。不同层次的体育教学目标所选择搭载的文件也有所不同，而不同层次的搭载文件的侧重点又不同。如体育学年目标和单元目标的搭载文件中，就不会出现体育课时目标和小节目标的字眼；同样，体育课时目标和单元目标的搭载文件中也不会出现学年目标和学段目标的字眼。因此，体育教学中各个层次的搭载文件也是一个可以清晰地辨别体育教学目标特征的依据。

为了清楚地表述体育教学各层次目标的功能和工作以及搭载文件，现将其列表如下（表6-4）。

表6-4 体育教学各层次目标的功能和工作以及搭载文件

目标层次	各层次目标的主要功能	制定各层次目标的主要工作	各层次目标的搭载文件
学年教学目标	针对学生的身心发展状况和所需要的体育教学性发展目标	研究学生的身心发展状况、教学工作、选择合理的教学方法	学校和体育教研组的教学计划
单元教学目标	依据每个单元的任务和项目的作用而制定的教学目标	研究各个运动项目的特征	教师的教学进度计划
课时教学目标	根据单元的计划分割出来的具有课堂针对性的目标	研究在本节课中所进行的教育活动	教师的课时教案

（三）体育教学目标设计程序

1. 分析教学对象

具体应分析体育学习者的学习需要、一般特点、起始能力和学习风格等。找出体育教学中出现的问题以及解决办法，确定学习者现状和目标之间的差距，在教学目标设计中，重视所发现和分析的学习差距的弥补。

2. 分析教材内容

分析并确定体育教学内容的范围、深度、特点、功能，并明确各体育教学内容之间的关系，使教材内容更好地为实现教学目标服务。

3. 编写教学目标

一个完整的、明确的体育教学目标应包括教学对象、学生的体育行为、确定行为的条件及程度四个部分。

4. 明确表述教学目标

教学目标设计者对体育教学目标的表述要尽可能用明确的语言，单元教学目标的陈述要尽可能的详细、具体，通过体育教学目标的设计，使学生明确要学习的内容和应该达到的水平，便于学习者互评和自评。

5. 重点突出运动技能目标

历经新课程改革的反复磨炼，运动技术教学重新回到了体育教学的舞台。这是一个实践—认知—再实践的过程，因为运动技术本身就是体育学科的起点，也一定是体育教学的落脚点。事实上，运动技术教学贯穿整个体育课堂教学的思想由来已久，只是各个阶段呈现的方式不同而已，笔者把这个思路归纳为图6-7所示。

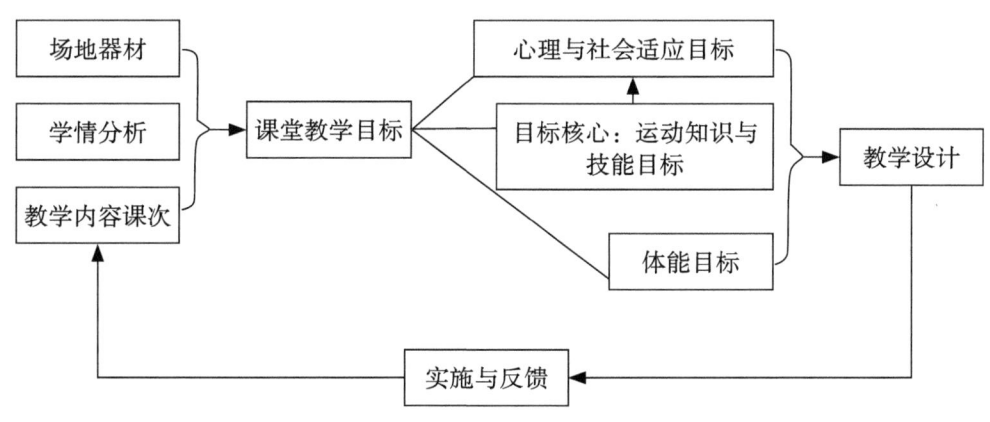

图6-7 体育教学目标设计

新课程改革与传统的运动技术教学的冲突之一是如何处理"运动技术细化教学与激发学生兴趣的矛盾"。应该说，传统运动技术教学由于教学内容过多、教学学时不够，从而造成了教学"蜻蜓点水式"，一个动作刚有点兴趣和起色就直接转为下一个运动项目的教学了，学生自然会感到索然无味。当然，经教学实践证明，完全凭借学生兴趣使然也是不可取的。因此从表面上看，这两者似乎是矛盾的，但仔细探究就会发现这两个问题并不冲突，而是相辅相成的，因为运动兴趣只有建立在运动技术层面上才能保持长久。

如何把"运动技术细化教学与激发学生兴趣"结合起来呢？笔者认为，把握运动技术教学是体育课堂教学的根本，同时在此基础上应结合运动技术教学自身的特点，利用班级和群体教学的氛围、体育竞赛的特点、体育教法的多样化去充分调动学生学习体育的主动性、能动性与积极性。

为考察新课程改革以来运动技术深化教学的状况，笔者提出如下几点思路供一线教师参考。

①根据学生的年龄特征、个性特点、身体素质与学前基础（单元教学的前几次课）、本课次教材内容重点来制定课堂教学运动技能目标。

②运动技能目标是课堂教学的核心目标。教师必须吃透教材、钻研教法，明确单元教学计划与课次教学重点，制定出恰当的、明确的、可操作的运动技能目标。

③根据运动技能的特性来确定相应的认知目标与情感目标，使运动技能教学目标与认知目标和情感目标合为一体，解决目前体育课认知目标、情感目标与运动技能相互脱节的问题。

第三节 体育教学策略的设计分析

随着我国高校体育教学理论不断深入研究，体育教学策略的设计已经成为教学所关注的课题。体育教学策略研究有助于我国全面实施素质教育，更有助于体育教师向学生传递知识。指导体育教师面临不同的教学情境，以促进体育教学理论与实践的结合，从而提升高校体育教学质量，培养新型体育人才。

一、体育教学策略概述

（一）教学策略

教学策略有广义和狭义之分。广义的教学策略包括体育教学活动中的所有计划和措施，不仅包括"教"的策略，还包括"学"的策略。狭义的教学策略仅仅是从教师的教学角度出发，是教师"教"的策略的综合。

教学策略可分为多个种类，结合教学活动的开展目的可以分为表6-5所示几类。

表6-5 教学策略分类

教学策略	学者	解释
先行组织策略	奥苏伯尔	对学生的学习过程进行设想，并提前准备和呈现材料，从材料中抽象出新信息，并通过活动进行知识强化
认知发展策略	皮亚杰	教育应以儿童为中心，教学是个别化的，教学过程中应重视学生的社会交往性
概念形成策略	布鲁纳	通过呈现实例来认知概念，再进行强化练习，发展思维

（续表）

教学策略	学者	解释
随机管理策略		对强化刺激进行系统的控制，强化行为反应，适用于多种复杂行为的学习
行为练习策略		呈现新信息，控制练习时间，为学生的单独练习提供机会
自我管理策略		教师教给学生学习行为的方法、技巧，学生进行自我学习设计、自我管理、自我决策，教师在教学结束进行学习计划指导修正

在体育教学中，教学策略是体育教师主观的教学意图与想当然的教学对策，是从教学理念到教学实践的关键环节（图6-8）。教学策略在教学系统中的地位比较特殊，它不同于教学活动开始前的教学设计或教学方案，而是教学过程中的措施；也不同于教学手段、教学方法，后者更加具体化，教学策略的层级要更高。

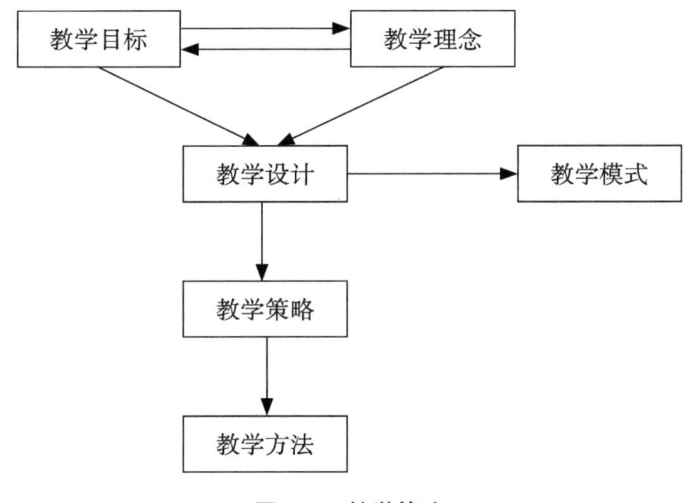

图6-8 教学策略

（二）教学策略设计

教学策略的设计是体育教学设计的一个重要内容。通过教学策略设计，能为教师创造有特点的教学环境，以更好地促进体育教学活动的开展，有助于教师顺利完成教学任务，收到良好的教学效果。

在高校体育教学中，体育教师对体育教学活动的整体协调，对于各项体育教学活动的顺利开展具有非常重要的促进作用，便于教师对体育教学过程进行整体把控，能令体育教学的各个环节都最大限度地发挥教育作用。

二、体育教学策略的科学化设计

（一）体育教学策略设计原则

1.差异性原则

体育教学策略设计的差异性表现在两个方面。

一方面，体育教学策略设计应充分考虑不同学生的个性差异所导致的学习特点对教学策略的不同适应。体育教学策略的设计是面向全体学生的，但是不可否认和忽视的一个问题是，不同的学生之间存在着个性差异。对于学生来说，他们在学习过程中所表现出来的身心特点、社会性特点不同，因此在教学过程中，并非每一个学生都适合教师所设计的教学策略，这就使得教师提前设计的体育教学策略与教学实际活动的开展所产生的效果，会在教学适应性、学生预期反应等方面出现一定的偏差。

另一方面，体育教学策略的差异性还表现在师生思维的差异。在体育教学实践中经常有这样的教学情况出现，即学生无法严格按照教师的教学安排来进行体育锻炼，学生会疑惑教师为什么要这样安排教学，这实际上是教师思维与学生感知的差异性。在体育教学策略设计中，如果教师能关注到师生之间的思维差异，就有助于师生更好地理解彼此，有助于师生的教学配合，进而可以实现良好的教学效果。

现代体育教育提倡"以人为本"，这就要求教学策略的设计要"以人为本"，重视学生的身心健康发展。在体育教学策略设计过程中应充分考虑不同学生的差异性，通过科学的教学策略设计，灵活多变地组织教学活动，以促进每一个学生在各自的原有基础上均能有所进步与发展。

2.兴趣性原则

高校体育教学中，体育教师对教学策略的设计应为教学目标的实现服务。要促进体育教学目标的实现，就必须设计能有效激发学生的学习兴趣和积极性的教学策略，使学生产生学习的欲望，增强其体育学习的内驱力。

3. 科学性原则

体育教学过程是一个科学的教学过程，体育教学策略的设计必须遵循体育教学规律，体现科学性，具体要求如下。

首先，在体育教学策略设计过程中，应注意体育教学内容的合理组织。教学策略设计的内容应逻辑清晰、层次分明，使学校体育教学内容的层次与学生的学习程序有机结合起来。

其次，体育教学是一个实践性较强的教学过程，在体育教学策略设计过程中，教师应注意学生的身体实践练习。在教学安排上，应能保证学生重复练习，同时，不断或定期地练习新学的知识和技能能够促进记忆和迁移，不断提高学生的运动能力。

4. 启发性原则

体育教学策略的设计应明确阐述教学目标，并尽量展示出学生在学习结束后所应产生或完成的行为表现（事例），使学生对需要掌握的知识技能有学习的方向性。

体育教学不仅是运动技能的学习、巩固、迁移、发展，也是体育精神和素养的培育过程，整个体育教学是一个教师引导学生不断超越自我、认知自我、认识他人的过程。为了实现良好的启发性教学效果，真正促进学生的发展，教师就必须从课堂环境、价值认同及行为约束对体育教学进行设计，这是基于运动项目教学又超越运动技能传授的过程。

5. 指导性原则

体育教学策略的设计应具有一定的指导作用，在学生尝试做出所要学习的行为表现时给予指导和提示。但需要特别提出的是，学生具备一定的学习基础后应适当减少这种指导性，避免学生过分依赖教师。

6. 创造性原则

体育教学策略的设计应能为学生的进一步学习创造条件。重视体育教学设计的创新，不仅能有效地挖掘教学资源和提高教学效率，从而实现体育教学的低耗高效，还可以为学生创新意识和创造能力的发展营造氛围和设计空间。

对于学生来说，在体育学习过程中，新知识的学习需要旧知识作为基础，新的学习任务的完成必须建立在具备和掌握一定的知识技能的基础上，教学策略要能使学生在学习中获得成功,从而为学生进一步的学习创造条件。

(二)体育教学策略设计的依据

1. 从体育教学目标出发

体育教学策略是完成特定体育教学目标的方式。因此,有什么样的体育教学目标,就应当选择能实现这个体育教学目标的教学策略。

2. 依据学习和教学理论

体育教学策略是保证教学成功,促进学习发生的方法。作为方法,应遵循学习规律和体育教学规律。

3. 符合体育学习内容

内容决定方式,体育教学策略就是完成体育教学内容的方式。

4. 符合教学对象的特点

不同的学生具有不同的学习风格。我们要采用符合学生特点的体育教学策略。

5. 考虑体育教师本身的条件

要采用体育教师能够驾驭的体育教学策略,有的体育教学策略虽然有效,但体育教师驾驭不了,仍是发挥不了作用。

6. 考虑当地教学客观条件的可能性

体育教学策略的实施要受到条件的制约,如体育教学设施条件等,所以在制定体育教学策略时,要充分考虑现已具备的各种客观条件。

(三)体育教学策略设计程序

1. 设计体育教学组织形式

体育教学组织形式是教师与学生为实现体育教学目标所采用的各种方式,

是实施体育教学活动的关键所在，对体育教学效果有重要的影响。

体育教学组织形式主要包括班级教学组织形式（或称全班教学）、分组教学组织形式、个别教学和复式教学四种。结合教学需要选择其中一种，并就具体组织形式进行教学准备。

2. 设计体育教学手段

体育教学手段设计程序如下。

①结合教学实际分析通过哪些教学手段可以达成教学目标。
②分析体育教学内容借助什么体育教学手段，才能完成体育教学任务。
③根据教学对象（年龄、心理、体能基础、认知能力等）合理选择和设计教学手段。
④还要考虑学生的兴趣习惯及发展需要等因素。
⑤针对学校体育教学实际选择和创造教学手段。
⑥教学中设计和选用教学手段时，不能脱离教学实际，应符合体育教学设计的基本原则。

3. 设计体育教学方法

体育教学方法设计程序如下。

①了解相关的体育教育教学规律。
②充分考虑具体的教学目标和任务、教材内容的性质和特点、学生情况、教师条件、教学条件等。
③分析教材内容及教学媒介。
④按照一定程序设计科学、合理、有效的体育教学方法。

第四节　体育教学过程的设计分析

体育教学过程的设计是搞好体育教学工作的前提，有好的设计才能有好的、特色鲜明的教学。其中，教学过程在教学设计各要素中至关重要，对教学流程理解不同，其呈现形式和内容也不同。综合分析来看，体育教学设计中的教学过程应是对体育课基本部分教学的合理规划和设计，呈现形式多种多样，有文字式、图形式，还有文字图形结合式，无论采取哪种形式，都要求清晰、明了、合理、有效。

一、体育教学过程概述

（一）体育教学过程

教学过程，具体来说是教师根据一定社会要求和学生特点，指导学生有目的、有计划地掌握学科知识和技能，实现身心全面发展的过程。

体育教学过程含义如下。

①体育教学过程是体育教师的"教"和学生的"学"组成的双边活动过程。

②体育教学过程是一个动态过程，体育教学过程会受到各种内在与外在、主观与客观因素的影响。

③体育教学过程是师生以身体练习为重要媒介的交往实践过程。

（二）体育教学过程设计

体育教学过程设计就是按照现代系统论的观点，把体育教学各环节的设计进行优化组合，它为最佳体育教学完整方案提供了思路。

在现代体育教学中，一般来说，体育教学设计对教学过程的表述是采用类似于计算机流程图的形式进行的，规定的符号见表6-6。这种方式能直观展示整个体育课堂活动中各个要素之间的关系、比重；教师可以根据学习者的不同反应做出相应的教学处理，灵活性大，目的性强。

表6-6 体育教学过程流程图符号

符号	意义
▭	教师的活动
▭	媒体的应用
▱	学生的活动
→	过程进行的方向
◇	教师进行逻辑判断

二、体育教学过程的科学化设计

（一）体育教学过程的设计原则

1. 主导性原则

整个体育教学过程中，体育教师起着主导作用。传统的体育教学过程中，体育教师的主要任务是通过讲解传授知识，教师更多地表现为对教学过程的"主宰"。随着现代科学技术在课堂教学中的应用以及课堂教学改革的不断深入，教师的作用除了进行信息编码、讲解内容之外，最关键的是要在课堂教学中起主导作用，"主导"不同于"主宰"，教师在体育教学过程中不是单纯灌输知识，而是重视对学生的正确、合理引导，引导学生掌握知识内容。

2. 主体性原则

学生是体育教学的教学主体，在体育教中发挥着十分重要的作用。对于体育教学来说，在教学中应充分尊重学生，结合学生的特点来安排具体的教学内容、教学方法、教学媒体，整个教学过程安排应符合学生的认知规律和学习特征。

在体育教学过程中，教师应注重对学生学习兴趣的激发，通过合理的教学安排充分发挥学生的学习积极性，让他们有更多的课堂参与机会，促进师生有效沟通交流，使他们不仅"学会"，更重要的是"会学"。

3. 规律性原则

体育教学过程设计的规律性原则，简单来说，就是体育教学过程设计应符合体育教学的一般规律。

体育教学，应遵循体育规律、教学规律、学生认知规律等规律，在这些规律科学指导的基础上合理安排教学过程。体育教学中学生作为教学主体，教学过程应尊重学生的学习认知规律，以此为例，学习理论是心理学家探讨学习规律、特征的理论，对教育者了解教学过程中学习者的特点与过程发展具有重要的指导作用。在设计体育教学的过程中，只有符合学生特有的认知要求，才能获得有效的教学成果。

4. 方法性原则

体育教学过程设计的方法性原则要求体育教学过程设计应重视体育教学方法的科学安排，关注不同的体育教学方法的选用所可能产生的不同教学效果。因此在教学过程的设计过程中应有选择地对体育教学方法进行取舍，选取最适合教学内容表达、能更容易被学生接受和激发学生兴趣的教学方法，如此才能充分发挥相应的体育教学方法的教学促进作用，也才能促进各个体育教学活动环节的顺利开展，实现良好的体育教学效果。

此外，设计体育教学过程，应考虑整个教学系统构成，应该结合体育学科特点和学习内容、教学目标、学生的特点及选用媒体的特点选择相应的体育教学方法。

5. 媒体优化原则

体育教学媒体合理、科学的应用对体育教学过程的顺利开展和良好体育教学效果的实现具有非常重要的作用，这一点已经在前面详细分析过，是体育教学中非常明确的一点。体育教师在设计教学过程的过程中，应注意体育教学媒体的使用及其优化。

在现代化体育教学实践中，任何一种体育教学媒体都不足以支撑整个体育教学过程，体育教学媒体的运用要考虑各种媒体的优化组合。不同的体育教学媒体在体育教学中发挥着不同的作用，彼此之间可实现功能互补，就像人体各部分器官虽然分工明确，各司其职，同时又是为一个整体（身体—教学）服务，教学媒体系统功能的充分发挥也是通过多种媒体组合后形成的优化结构来实现的。在体育教学过程设计中，应灵活运用各教学媒体，使各教学媒体各施所长，互为补充，相辅相成，共同促进整个体育教学过程的优化，促使教师和学生都能顺利完成"教"的任务和"学"的任务。

（二）体育教学过程设计的表现形式

目前在体育教学中，对体育教学过程的设计主要有以下三种表现形式。

1. 练习型

整个体育教学过程以学生的身体练习为主。教学中，运用教师示范和教学媒体的内容展示，为学生提供运动动作的路线、结构、动作要领等，帮助学生理解具体的技术动作，并通过真实的学生身体练习，发现问题，纠正，再练习，最后对学生的动作技术掌握情况进行评价并指出改进意见和建议（图6-9）。

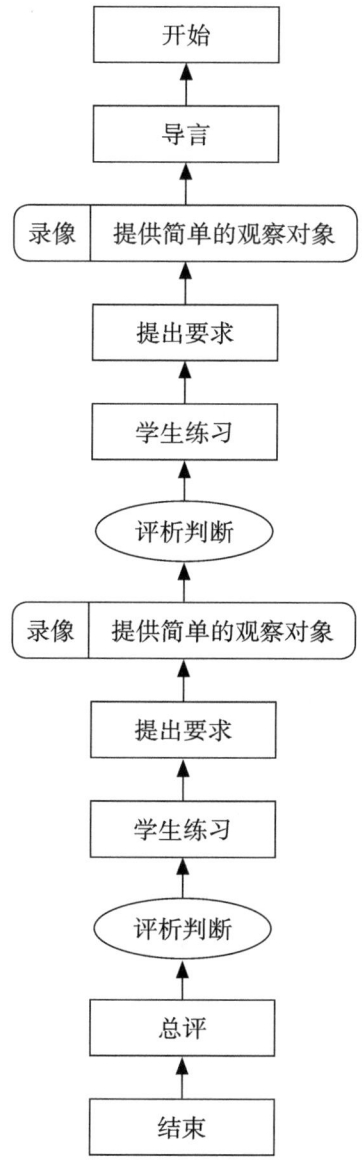

图6-9　练习型体育教学过程设计

2. 示范型

示范教学法同样是以身体活动为主要形式的教学过程设计与组织，在运动类的体育教材内容中，示范是体育教学过程设计的必要手段和重要途径。

与重在"练习"的教学过程不同的是,示范型体育教学过程设计在"示范"上花费的时间和精力是非常多的,这种教学过程设计通常用于学习复杂的体育运动技能的前一次课中(图6-10)。

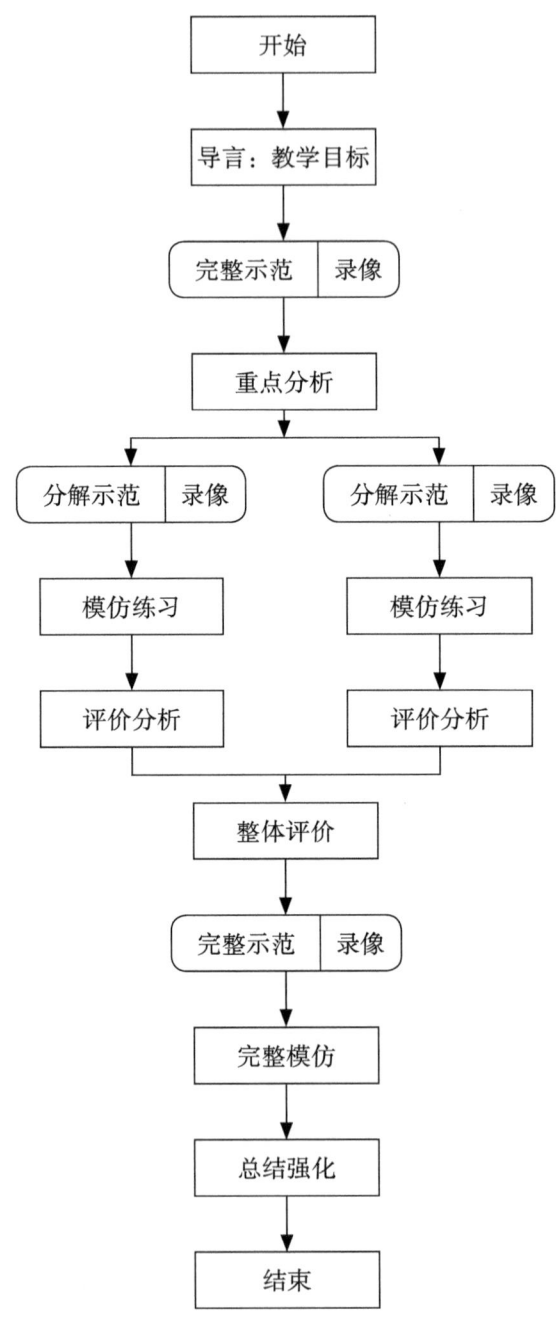

图6-10 示范型体育教学过程设计

3. 探究型

探究发现型主要适用于体育教学中组织学生观察、思考，探究原因、寻找规律等，如某次体育教学课的主要教学任务是某一动作技能的结构或原理的认知、理解、掌握，通过对教学过程中的"探究"设计，可有效激发学生学习的主动性，培养学生发现问题、探究问题、解决问题的能力（图6-11）。

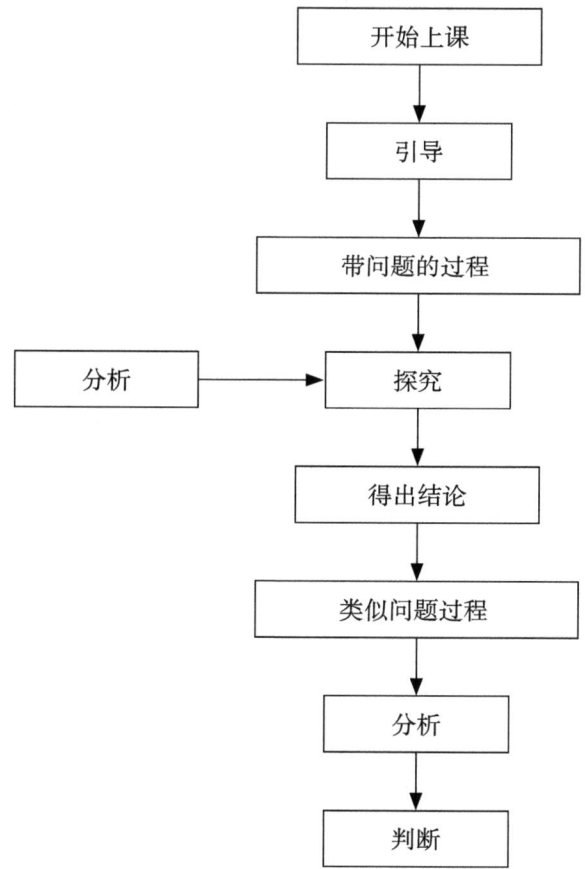

图6-11 探究型体育教学过程设计

参考文献

[1] 黄延春,梁汉平.体育概论[M].重庆:重庆大学出版社,2018.

[2] 焦延歌,巫坤亚.体育教学理论与实践研究[M].北京:中国言实出版社,2017.

[3] 杨艳生.体育教学改革与创新实践研究[M].长春:吉林人民出版社,2021.

[4] 姚蕾.体育教学论学程[M].北京:北京体育大学出版社,2005.

[5] 蒿彬.现代体育教学多元理论与实施路径研究[M].北京:中国书籍出版社,2019.

[6] 刘长春.浅析体育教学的价值[J].商情,2017(46).

[7] 于长镇.体育教学论[M].大连:大连海运学院出版社,1991.

[8] 王伯英,曲宗湖.体育教学论[M].成都:四川教育出版社,1988.

[9] 刘锦.现代体育教学体系的建设与发展研究[M].北京:中国书籍出版社,2018.

[10] 欧枝华.新时期高校体育教学及其课程体系改革研究[M].北京:中国纺织出版社,2020.

[11] 谢宾,王新光,时春梅.高校体育教学与运动训练研究[M].长春:吉林人民出版社,2021.

[12] 马鹏涛.高校体育教学改革创新与科学化训练研究[M].北京:新华出版社,2018.

[13] 薛飞娟.高校体育教学中微课程设计研究[D].吉首:吉首大学,2015.

[14] 杨乃彤,王毅.高校体育教学创新及运动教育模式应用研究[M].北京:九州出版社,2019.

[15] 贾振勇.体育教学改革与实践应用探究[M].北京:新华出版社,2018.

[16] 杜俊娟.体育教学设计[M].北京:北京体育大学出版社,2007.

[17] 吴小丽.试析慕课在高校体育教学中的运用[J].运动-休闲(大众体育),2021(16).

[18] 瞿昶.体育教育与健康研究[M].沈阳:沈阳出版社,2020.

[19] 闫二涛. 中国高等体育教育改革之路[M]. 北京：知识产权出版社，2019.

[20] 王冬梅. 高校体育教育创新发展研究[M]. 长春：吉林人民出版社，2021.

[21] 袁莉萍. 中国高校体育教育研究[M]. 武汉：湖北科学技术出版社，2013.

[22] 施小花. 当代高校体育教育理论与发展探究[M]. 长春：吉林人民出版社，2021.

[23] 王维邦. 对我国高校体育教学事业的现状分析与发展的思考[J]. 文体用品与科技，2019（11）.

[24] 马腾，孔凌鹤. 现代体育教学改革与信息化发展研究[M]. 北京：中国商业出版社，2018.

[25] 受中秋，王双，黄荣宝. 高校体育教育发展与改革探究[M]. 长春：吉林大学出版社，2018.

[26] 陈轩昂. 新时期高校体育教学的改革与发展[M]. 北京：航空工业出版社，2019.

[27] 庄容. 高校体育教育[M]. 南京：河海大学出版社，2001.

[28] 孙丽娜. "以人为本"高校体育教育研究[M]. 天津：天津科学技术出版社，2020.

[29] 刘伟. 高校体育教育创新理念与实践教学研究[M]. 北京：九州出版社，2019.